ARBEITSMITTEL
FÜR DEN NEUSPRACHLICHEN UNTERRICHT
Herausgeber: Dr. A. Leonhardi †

Vocabulaire de l'explication de textes

VERLAG LAMBERT LENSING · DORTMUND

Bearbeitet von
DIETHARD LÜBKE
unter Mitwirkung von
ALAIN GOULET, Agrégé de Lettres Modernes

ISBN 3-559-33193-5

© Verlag Lambert Lensing GmbH · Dortmund · 1966
Alle Rechte vorbehalten
Herstellung: Ernst Knoth, Melle
Printed in Germany

640 759 u

TABLE DES MATIÈRES

L'EXPLICATION DE TEXTES
Généralités 7

L'AUTEUR
Généralités 10
Quelques caractéristiques de l'auteur 11

LES GENRES LITTÉRAIRES
La poésie 13
Le théâtre 15
Les genres narratifs et descriptifs 16
Les genres didactiques 18

LES SUJETS DE L'EXPLICATION DE TEXTES
La composition du texte
Généralités 19
Les parties d'un livre 20
Les parties d'une pièce de théâtre 21
Supplément: Le monologue et le dialogue 22
Le plan d'une dissertation 23
Les parties d'un texte extrait d'un livre 24

La description
Généralités 25
Quelques caractéristiques de la description 27

L'action
Généralités 29
Le lieu de l'action 30
Les parties de l'action 30
Les ressorts de l'action 33

Les personnages 34

Le fond et la morale 36

Le raisonnement
   Généralités 37
   Le sujet 39
   Les étapes du raisonnement 40

La versification
   La strophe 44
   Le vers 44
   Les parties du vers 45
   La rime 46

Le style
   Généralités 47
   La langue 47
   Quelques procédés de style 50

L'HISTOIRE LITTÉRAIRE
   Généralités 55
   Les époques de l'histoire littéraire 55
   Les phases d'une époque littéraire 57

APPENDICES
   Lexique 59
   Index allemand – français 63

VORWORT

Dieses «Vocabulaire de l'explication de textes» ist ein Hilfsmittel für den Französischunterricht der Oberstufe, wenn dort – im Hinblick auf die Reifeprüfung – die «Erfassung und Deutung» französischer Texte in der Fremdsprache geübt wird. Es ist daneben auch ein Handbuch für den Studenten der Romanistik, der sich auf jeden Fall mit der *explication de textes* auseinandersetzen muß.

Der Inhalt dieses Sachwörterbuchs ist der Grundwortschatz der Textinterpretation (Dichtung und Sachprosa). Die Fachausdrücke sind nach Sachgruppen geordnet. Ihren Gebrauch veranschaulichen zahlreiche Redewendungen, typische Formulierungen und Sätze, die wörtlich in eigene Interpretationsversuche übernommen werden können.

Dem «Vocabulaire» sind zwei Register beigefügt: ein *Lexique* und ein *Index allemand-français*. Das erste Register enthält schwierigere französische Wörter und ihre deutschen Entsprechungen. Das zweite Register ermöglicht den Zugang vom deutschen Ausdruck her.

Ich habe Monsieur *Pierre Bourgeois*, Professeur certifié, Universität Münster/Westf., und Herrn Studiendirektor *Martin Dittmann*, Hildesheim, für wertvolle Anregungen und die eingehende Korrektur und Überprüfung des Manuskriptes zu danken.

Diethard Lübke

Fachleiter für Französisch
am Staatl. Studienseminar Meppen

ABRÉVIATIONS

cf. – conférer (vergleiche)   ex. – exemple   f – féminin
m – masculin   qc – quelque chose   qn – quelqu'un

L'EXPLICATION DE TEXTES
Généralités

une explication de texte – Interpretation
faire une explication de texte
cette explication porte sur une scène dramatique d'une pièce de théâtre
une explication comprend l'indication du sujet, de l'idée générale, de la composition du texte et l'analyse des détails
le plan du texte présente un intérêt pour l'explication
une explication suit le texte / s'éloigne du texte
une explication est minutieuse / subtile / approfondie / superficielle / sommaire
expliquer – interpretieren, erklären
expliquer un morceau, un passage, un poème ...
avoir un texte de Montesquieu à expliquer

une analyse (du texte) – Analyse, Untersuchung
faire une analyse du texte, du style ...
l'analyse montre qc / révèle qc / parvient aux conclusions suivantes
une analyse est exacte / minutieuse / subtile / superficielle / sommaire // grammaticale / stylistique
analyser – analysieren, untersuchen
analyser minutieusement / superficiellement un texte, les qualités de style d'un texte, le caractère d'un personnage ...

une étude (du texte) – Untersuchung
faire une étude détaillée / minutieuse du fond et de la forme
étudier – untersuchen
étudier les rapports, les différences et les ressemblances entre deux poèmes

le commentaire – Erläuterung, Kommentar
faire un commentaire du texte, d'un poème, d'une scène ...
le commentaire contient des explications, des remarques, des observations qui éclairent le sens du texte

le commentaire est clair / précis / instructif / superficiel
commenter − durch Anmerkungen erläutern, kommentieren
commenter les comédies de Molière
la paraphrase (du texte) − Textparaphrase
cette explication de texte n'est qu'une paraphrase
le résumé − Zusammenfassung des Inhalts
faire / donner le résumé d'un chapitre, de l'essentiel du texte ...
le résumé est précis / détaillé / sommaire
résumer − zusammenfassen
l'auteur résume en peu de mots les conclusions, les idées, les arguments ...

＊

le rapprochement − Vergleich (um Ähnlichkeiten herauszustellen)
faire le rapprochement de deux textes, d'un roman avec un autre, entre les sujets de deux ouvrages, entre deux poèmes, entre deux auteurs ...
le rapprochement met en lumière les rapports / les ressemblances / les analogies entre deux textes
rapprocher − in Beziehung setzen, vergleichen
rapprocher une scène d'une autre
le choix d'un même sujet permet de rapprocher deux textes
la comparaison − Vergleich
faire la comparaison de deux textes, entre deux auteurs ...
la comparaison met en lumière les différences et les ressemblances qui existent entre deux textes
comparer − vergleichen
comparer deux textes, deux poèmes, l'ouvrage avec ses sources, un écrivain avec un autre ...
comparer pour mieux saisir les traits caractéristiques
la confrontation − Gegenüberstellung
procéder à une confrontation entre deux textes, entre deux caractères ...
confronter − gegenüberstellen
confronter deux textes, deux paragraphes du même texte ...

＊

une appréciation – Würdigung, Beurteilung
une appréciation d'ensemble sur une comédie
un poème rencontre l'appréciation des connaisseurs, des critiques
l'appréciation est favorable / défavorable / sévère / juste / motivée / nuancée / personnelle / insuffisante
apprécier – würdigen, schätzen
apprécier beaucoup / vivement / favorablement le roman naturaliste
il est difficile d'apprécier ce que l'on connaît mal
la critique – Kritik
soumettre une œuvre à la critique littéraire
faire la critique d'un roman, d'une pièce de théâtre ...
la critique relève les beautés et les défauts d'un ouvrage / loue ou blâme un roman, un auteur ... / attaque la littérature romantique
la critique est spirituelle / excellente / sérieuse / juste / objective / motivée / fondée / amère / sévère / impitoyable / détaillée / générale / superficielle / indulgente / trop subjective / injuste
critiquer – kritisieren, rezensieren
critiquer minutieusement / sévèrement / injustement un ouvrage
critiquer en fonction de son goût personnel

L'AUTEUR
Généralités

un auteur – Verfasser, Autor
qn est l'auteur d'un livre, d'un roman, d'une pièce de théâtre, d'un poème ...
l'auteur écrit une œuvre / fait une pièce de théâtre / compose un poème
l'auteur a de l'imagination / invente un univers poétique / projette un roman / puise la matière dans un autre livre / amasse des matériaux / se documente / entreprend l'exécution du roman / rédige un paragraphe / achève (termine) son ouvrage
l'auteur entreprend le remaniement d'un ouvrage / fait des coupures dans une pièce / consent à supprimer le dernier chapitre du roman / apporte des additions à son livre / fait de nombreuses corrections dans son livre
l'auteur écrit en prose ou en vers
l'auteur soigne son style / emploie certains procédés de style / manie la langue / corrige son style
les intentions de l'auteur
l'auteur pique la curiosité de son public / nous transporte dans un monde de rêve / éveille (excite) l'imagination, l'intérêt et la curiosité du lecteur
un auteur s'adresse à la jeunesse, au cœur, à l'imagination, à la raison ... / plaît au lecteur / amuse le lecteur / instruit le lecteur / touche le cœur du lecteur
l'auteur publie / fait éditer / fait imprimer ses œuvres complètes
un auteur a du succès / est en vogue / est à la mode / s'est acquis un nom / aspire à la gloire, à l'immortalité ... / se rend célèbre par un roman / reçoit le Prix Nobel
un auteur appartient à une école littéraire
connaître les auteurs classiques
l'auteur comique / tragique
l'auteur est bon / célèbre / grand / fécond / plein d'imagination / médiocre / mauvais / stérile / méconnu / anonyme / inconnu // contemporain / moderne / classique / ancien

un écrivain – Schriftsteller

le romancier – Romanschriftsteller
un romancier réaliste / naturaliste

le poète – Dichter
le poète est un auteur qui écrit des poèmes
le poète chante la beauté du printemps / célèbre la Révolution / est le chantre du progrès
le poète est lyrique / élégiaque / satirique // classique / romantique / parnassien / symboliste / surréaliste

le fabuliste – Fabeldichter
le fabuliste écrit / compose des fables
le fabuliste instruit en amusant

le moraliste – Moralist
le moraliste observe et peint les mœurs, la nature et la condition humaines
Montaigne, La Rochefoucauld et La Bruyère sont les principaux moralistes français

L'AUTEUR

Quelques caractéristiques de l'auteur

le génie – Genie, Begabung
l'auteur a du génie / fait preuve de génie / suit son génie
comprendre / bien caractériser / admirer / méconnaître le génie d'un poète
sentir le souffle du génie dans une tragédie
le génie inspire le poète
un éclair / un trait de génie

la vocation – Berufung
la vocation littéraire de Baudelaire
le poète se sent une vocation / a conscience de sa vocation / suit sa vocation

le talent – Talent, Begabung
l'auteur a un talent de narrateur, de peintre ...
le livre révèle le talent de l'auteur

l'imagination f – Phantasie, Einbildungskraft
grâce à son imagination, le poète a une vision de qc

chez les auteurs classiques, la raison domine l'imagination
la littérature romanesque parle à l'imagination
l'imagination est puissante / vive / poétique / féconde / créatrice
(l'imagination bizarre: la fantaisie)

l'inspiration f – Inspiration, Eingebung
l'auteur cherche / rencontre l'inspiration
l'amour, la nature ... **est une source d'inspiration pour le poète**

inspirer – inspirieren
l'amour, la solitude, la Muse inspirent le poète

l'art m – die Kunst, das Können eines Dichters
l'art d'écrire un livre, de composer un ouvrage, **de présenter la psychologie des personnages** ...
l'art de la description, de la versification ...
l'art d'un romancier est remarquable par son réalisme
les détails de cette description sont notés **avec un art admirable**
écrire une tragédie selon les règles de l'art
l'art poétique

LES GENRES LITTÉRAIRES
La poésie

la poésie – Lyrik, Dichtung
la poésie et la prose
les différents genres de la poésie
la poésie lyrique est l'expression des émotions du poète, de ses sentiments intimes et personnels
l'amour, la mort, la nature sont des thèmes de la poésie lyrique
la mélancolie, la solitude, le mal du siècle sont les sources profondes de la poésie romantique
l'importance du rythme, des images, du choix des mots dans la poésie
la poésie est classique / romantique / parnassienne / symboliste / contemporaine // lyrique / élégiaque / satirique / pastorale / didactique / descriptive / épique

le lyrisme – das Lyrische
le lyrisme est l'expression des sentiments personnels
le lyrisme romantique
être sensible au lyrisme de ce texte
il y a dans ce roman des pages d'un grand lyrisme

*

le poème – Gedicht
le poème s'intitule «Le Lac» (Lamartine) / traite de qc / décrit qc / est plein de lyrisme / se divise en cinq strophes d'égale longueur / contient des métaphores
le poète fait / compose / écrit un poème
le poème traduit / exprime à merveille les sentiments de l'auteur
parler des beautés, du sens ... d'un poème
la grâce de ce poème est dans le rythme
analyser le mètre, les rimes d'un poème
dire / réciter / scander un poème
le poème est lyrique / élégiaque / romantique / allégorique / épique / satirique / didactique / philosophique // mis en musique

une poésie – kleines Gedicht
le sonnet – Sonett
Pétrarque et Baudelaire ont écrit des sonnets
le sonnet est un poème à forme fixe
5 le sonnet est composé de deux quatrains et de deux tercets
la forme régulière du sonnet
une ode – Ode
une ode de Pindare, de Ronsard, de Victor Hugo
l'ode célèbre un personnage illustre, un grand événement ...
10 l'ode tombe facilement dans l'exagération
une ode est pindarique / héroïque / légère / anacréontique
une élégie – Elegie
l'élégie romantique est un poème triste et mélancolique
la fuite du temps, un amour malheureux sont les sujets
15 favoris de l'élégie
un hymne – Hymne
un hymne est un chant à la louange de qn/qc
l'hymne sur la Révolution, à la nature ...
l'hymne national
20 **la chanson** – Lied
l'air et les paroles d'une chanson
les couplets, le refrain de la chanson
la chanson est populaire / gaie / triste / badine
le madrigal – Madrigal
25 le madrigal est une poésie galante de douze vers au temps de Louis XIV
le madrigal est bien tourné / joli / tendre
la ballade – Ballade
la «Ballade des Pendus» de Villon
30 la ballade est un petit poème à forme fixe, composé de trois strophes et d'un envoi (ce terme s'emploie également pour les ballades de Schiller)
une épigramme – Epigramm
l'épigramme est un petit poème satirique
35 l'épigramme se termine le plus souvent par une pointe / un trait d'esprit
le poète satirique lance des épigrammes mordantes contre qn
la fable (cf. page 17)

LES GENRES LITTÉRAIRES
Le théâtre

la pièce (de théâtre) – Theaterstück, Drama
la tragédie, la comédie, l'opéra sont des pièces de théâtre
l'auteur écrit / fait / compose une pièce de théâtre
analyser / expliquer le sujet, le plan, l'action, l'exposition,
  le nœud, les péripéties, le dénouement d'une pièce
une troupe joue la pièce pour la première fois / donne /
  représente / répète la pièce
la mise en scène / la première représentation de la pièce
  (cf. page 34, ligne 24)
une pièce amuse / divertit / réussit / a du succès / est en
  vogue / a vingt représentations // tombe / ennuie
une pièce est longue / courte / en cinq actes // classique /
  célèbre / tragique / comique / amusante / ennuyeuse /
  bien (mal) faite

la tragédie – Tragödie, Trauerspiel
les tragédies de Corneille et de Racine
la tragédie met en scène des personnages illustres / excite
  la terreur et la pitié / se termine par un dénouement
  tragique
les trois unités de la tragédie classique: unité d'action, de
  lieu et de temps

la comédie – Komödie, Lustspiel
une comédie plaît au public / amuse / démasque (dénonce)
  les travers et les ridicules
de quelle nature est / en quoi consiste le comique de cette
  scène de comédie?
dans une comédie, il faut distinguer le comique de situation,
  de caractère et de mots
la comédie de caractère et la comédie de mœurs sont appe-
  lées «haute comédie», par opposition à la comédie d'intrigue
dans cette scène de comédie, la confusion est à son comble
il faut distinguer, dans les comédies de Molière, le fond
  sérieux de la forme comique
cette fable de La Fontaine a le caractère d'une petite
  comédie

une comédie est divertissante / amusante / satirique // en **vers** / **en prose** / **en cinq actes**

la farce – Farce, Posse
une farce de Molière: «Les Fourberies de Scapin»
le comique grossier de la farce repose sur des jeux de mots, sur des quiproquos et sur des bastonnades
cet auteur comique tombe souvent dans la farce

le drame – romantisches Schauspiel (mit aufregender Handlung)
le drame romantique de Victor Hugo par opposition à la tragédie classique
le drame est un genre mixte, situé entre la tragédie et la comédie
l'auteur a construit son récit comme un petit drame
le drame est tragique / comique / pathétique / bouffon / historique / populaire

LES GENRES LITTÉRAIRES
Les genres narratifs et descriptifs

le récit – Bericht, Erzählung
l'auteur compose / nous donne / fait le récit des événements vrais ou imaginaires
le récit suit l'ordre chronologique des situations
utiliser la première personne dans un récit
le récit est narratif / poétique / épique / historique // amusant / plein de vie / bien construit / clair / curieux / détaillé / long / circonstancié / ennuyeux

une histoire – Geschichte
l'auteur raconte / narre l'histoire de ...
cette histoire se passe à Paris en 1760
il s'agit, dans cette histoire, de ...
analyser l'agencement dramatique de l'histoire
le début / l'action / les épisodes / le sujet / la morale de l'histoire
une histoire est longue / courte / compliquée / invraisemblable / merveilleuse / tragique / comique / dramatique / amusante

une anecdote – Anekdote
l'anecdote rapporte un petit fait curieux et historique

une anecdote intéresse / fait rire
cette anecdote a tous les caractères d'une petite comédie
une anecdote est historique / amusante / curieuse / piquante / satirique

la fable – Fabel
les fables d'Ésope, de Phèdre, de La Fontaine, de Florian
la fable du «Corbeau et du Renard»
le fabuliste raconte / compose une fable (ou: un apologue)
le sujet et la morale (la moralité) d'une fable
la fable aboutit à la morale / illustre la moralité / met en lumière une vérité
la fable est instructive / amusante / poétique // en vers / en prose

la légende – Sage, Legende
une légende folklorique / religieuse

le conte – Märchen, Erzählung, Novelle
les contes des Mille et Une Nuits / les contes de Perrault (contes de fées) / les contes philosophiques de Voltaire / les contes de Maupassant
le conte est beau / amusant / divertissant / humoristique / symbolique / merveilleux / fantastique / réaliste / ennuyeux

la nouvelle – Novelle
les nouvelles de Mérimée

le roman – Roman
le roman réaliste de Balzac / naturaliste de Zola / historique de Victor Hugo / social de Zola / d'aventures de Le Sage / de cape et d'épée de Dumas / picaresque / policier / psychologique / sentimental / autobiographique / d'éducation morale / à thèse / à clefs / par lettres
le romancier (l'écrivain) écrit / fait un roman
ce roman contient des longueurs
l'adaptation d'un roman au théâtre, au cinéma ...

les mémoires m – Memoiren, Lebenserinnerungen
les mémoires de Saint-Simon
qn retrace ses souvenirs de l'enfance dans ses mémoires / dans une autobiographie

une épopée – Epos
la vieille épopée du moyen âge (= chanson de geste)
l'épopée célèbre un grand fait, un héros ...

le tableau, le portrait (cf. page 25–26)

LES GENRES LITTÉRAIRES
Les genres didactiques

la dissertation – Aufsatz, Abhandlung
l'auteur compose / écrit une dissertation sur un sujet littéraire, philosophique ...
dans une dissertation, l'auteur expose ses idées / défend sa thèse / part de quelques généralités / développe ses arguments
le plan / l'introduction / le développement / la conclusion de la dissertation
cette dissertation comporte un raisonnement logique / des digressions assez longues

un exposé – Darlegung, Ausführungen
l'auteur écrit / fait un exposé sur un sujet
l'auteur nous fait connaître / présente / développe ses idées dans un exposé
un exposé est oral / écrit // détaillé / long / sommaire / clair / obscur // scientifique / littéraire / philosophique ...

le traité – längere Abhandlung
(cf. la dissertation)

un essai – Essay
l'essai aborde / traite un sujet
l'essai est caractérisé par une grande liberté de composition et de style
les «Essais» de Montaigne
l'essai est critique / philosophique / esthétique / historique / politique / scientifique

un article de journal – Zeitungsartikel

le discours – Rede
dire / prononcer un discours
le plan, les différentes parties, les points d'un discours
rapporter les paroles d'un personnage au discours direct / indirect
le discours est éloquent / pathétique / convaincant

le sermon – Kanzelrede

LES SUJETS DE L'EXPLICATION DE TEXTES

LA COMPOSITION DU TEXTE
Généralités

la composition – Aufbau
dégager / mettre en lumière / analyser la composition du texte, du poème, de la scène, du tableau, du portrait ...
la composition est simple / claire / logique / équilibrée / savante / compliquée / subtile

le plan – Gliederung
l'auteur conçoit / expose le plan de son livre
dégager le plan du livre, du texte, de la dissertation, du roman, du poème, de la pièce de théâtre ...
dans ce texte on ne discerne aucun plan
le plan est clairement conçu / logique

*

l'ensemble m – das Ganze
l'ensemble du texte et les détails
parler d'un texte dans son ensemble

la partie – Abschnitt (inhaltlich), Teil
l'ensemble d'un texte est constitué de différentes parties
distinguer les deux parties principales du texte
dans ce texte, il faut distinguer deux parties
le texte se divise (est divisé) en trois parties égales
le texte se compose (est composé) de plusieurs parties de longueur inégale
la première partie du texte occupe les deux premiers paragraphes / va du vers 1 jusqu'au vers 10
la partie est longue / courte / essentielle / importante

le détail – Einzelheit
l'auteur note / nous donne / accumule / omet / oublie des détails
un détail (une particularité) présente / offre un intérêt pour l'explication
cette description présente quelques beaux détails
un détail frappe particulièrement / échappe à qn / passe inaperçu
entrer dans les détails après avoir examiné l'ensemble du texte

insister sur quelques détails / sur une particularité curieuse
ce paragraphe a / offre / présente encore quelques détails
   dont il faut parler
s'attarder sur les moindres détails
5 ne pas s'occuper des détails inutiles; négliger les petits
   détails
le lecteur est accablé sous les détails et n'arrive plus à
   se faire une idée nette des choses
un détail est curieux / important / significatif / caracté-
10 ristique / frappant / précis / pittoresque / réaliste / amusant / poétique // inutile / secondaire / petit / sans importance / insignifiant / négligeable

LA COMPOSITION DU TEXTE
Les parties du livre

15 **le livre** – Buch
le livre est de ... / est imprimé / est tiré à deux
   mille exemplaires / paraît / vient de paraître / comprend
   cent pages / contient vingt chapitres / a (connaît) un
   grand succès / est épuisé
20 le titre / le sujet / la matière / le contenu du livre
l'auteur écrit / compose / achève / intitule / publie un livre
l'édition du livre
lire / critiquer un livre
le livre est traduit en plusieurs langues
25 le livre est bon / excellent / instructif / amusant / intéressant / précieux / couronné par l'Académie Française /
   mauvais

*

le titre – Titel, Überschrift
le titre (le sous-titre) d'un livre, d'un roman, d'une pièce,
30 d'un poème ...
le titre indique le sujet / la matière du livre
ce texte a pour titre: ...
donner un titre à chaque partie du texte
s'intituler – heißen, als Überschrift haben
35 ce roman de Flaubert s'intitule «Madame Bovary»

la dédicace – Widmung
le livre porte une dédicace / une épître dédicatoire
la préface – Vorwort
l'auteur met la préface en tête du livre
l'auteur expose ses conceptions dans la préface / donne des
  indications / s'excuse / se justifie
un avertissement (un avant-propos) – Vorbemerkung
l'avertissement est une petite préface
l'avertissement attire l'attention du lecteur sur quelques
  points particuliers de l'ouvrage
«avertissement au lecteur»
le chapitre – Kapitel
le livre est divisé (se divise) en chapitres / comporte trois
  chapitres
le titre, le numéro du chapitre
le chapitre s'ouvre sur une description / traite de qc / parle
  de qc / contient qc / se termine sur une scène de famille ...
ce chapitre est consacré au portrait du héros
faire le compte rendu du chapitre
résumer le contenu du chapitre
dans ce chapitre, il s'agit de ...
le contenu de ce chapitre peut se résumer ainsi: ...
un appendice – Anhang
un appendice est un supplément placé à la fin d'un livre
trouver des notes en appendice à un ouvrage

LA COMPOSITION DU TEXTE
Les parties de la pièce de théâtre

un acte – Akt, Aufzug
une pièce en un acte, en cinq actes ...
les actes se divisent en plusieurs scènes
les indications scéniques, qui précèdent le premier acte,
  nous donnent des renseignements sur les décors
examiner la progression d'un acte
résumer le contenu du premier acte
un acte est intéressant / ennuyeux / trop long (court)

la scène – Auftritt
situer une scène dans la pièce: parler de la scène précédente / suivante
une scène succède à une autre / précède une autre
5 **le début** / **la fin** / **le déroulement de la scène**
une scène s'ouvre / se termine par un monologue
la scène se passe entre l'avocat et le juge
dans la troisième scène du premier acte, nous assistons à un dialogue entre ... et ...
10 cette scène est pleine de mouvement dramatique
une scène est tragique / comique / amusante / touchante / importante / secondaire / longue / brève / ennuyeuse

le tableau – Bild
une pièce en trois actes et en huit tableaux

15 **le prologue** – Prolog
le prologue précède la pièce
cette comédie est précédée d'un prologue

un entracte – Zwischenakt
l'entracte est le temps qui sépare un acte de l'autre
20 plusieurs événements se sont passés pendant l'entracte

Supplément: Le monologue et le dialogue

le monologue – Monolog
au premier acte, nous assistons au monologue du Cid (Corneille)
25 ce monologue est construit sur le thème de l'amour
le monologue délibératif nous montre un débat (conflit) intérieur: un personnage délibère sur une résolution à prendre
dans le monologue d'Agamemnon («Iphigénie» de Racine),
30 nous voyons la lutte entre l'orgueil du monarque et la tendresse du père
l'utilité dramatique / l'invraisemblance du monologue
le monologue est pathétique / lyrique / émouvant / comique / vivant / plein de verve / trop long / ennuyeux / intérieur

35 **la tirade** – Tirade, längere Rede im Dialog
dans ce dialogue, un personnage débite une tirade pathétique

le récit – Botenbericht
un personnage fait le récit d'un événement important pour le déroulement de l'action et qui n'est pas représenté sur la scène

le dialogue – Dialog, Zwiegespräch
un dialogue suppose deux interlocuteurs
au second acte, nous assistons à un dialogue entre ... et ...
ce dialogue comprend d'abord un échange de répliques, puis, de plus en plus vif, oppose vers à vers, hémistiche à hémistiche
apprécier la vivacité du dialogue
cette scène est toute en dialogues: il n'y a pas d'action
le dialogue intérieur
un dialogue **est vif** / animé / rapide / spirituel / froid / sans verve / ennuyeux

la réplique – Erwiderung, Antwort, Gegenrede
un personnage donne une réplique adroite qui produit un grand effet
les répliques se succèdent très vite
la réplique est prompte / bonne / adroite / faible

la stichomythie – Stichomythie
la stichomythie est un dialogue dans lequel les interlocuteurs se répondent vers par vers

LA COMPOSITION DU TEXTE
Le plan d'une dissertation

une introduction – Einleitung
cette dissertation est précédée d'une longue introduction
l'auteur expose / explique qc dans l'introduction

le développement – der «Hauptteil»

la transition – Überleitung
l'auteur passe d'une idée à l'autre par une transition
constater l'absence de transitions dans un texte
la transition est brusque / lente / habile / bien ménagée / insensible / trop artificielle

la conclusion – Schluß
la conclusion d'une dissertation, d'un discours, d'une explication ...
la conclusion du traité résume les points essentiels de l'argumentation (cf. page 43)

LA COMPOSITION DU TEXTE
Les parties d'un texte extrait d'un livre

le texte – Text, Textstück, Auszug
ce texte est tiré (extrait) d'un livre, d'un roman ...
lire / comprendre / analyser / expliquer / traduire le texte
résumer le contenu du texte
dans ce texte, il s'agit de ...
le texte est correct / définitif / intégral / abrégé // clair / obscur // abstrait / descriptif / narratif

le paragraphe – Abschnitt, Absatz
le texte à expliquer comporte deux paragraphes / est composé de deux paragraphes
le premier paragraphe va de la ligne 1 à la ligne 10
l'auteur exprime qc / dit qc / parle de qc dans le premier paragraphe
résumer le contenu du paragraphe précédent en quelques mots
dans le paragraphe suivant / à partir du deuxième paragraphe, il s'agit de ...
l'auteur consacre deux paragraphes à la description de la nature

le passage – Textstelle
lire / citer / expliquer / traduire un passage tiré d'un roman, du premier chapitre ...
situer un passage dans son contexte
sauter un passage trop difficile à expliquer
un passage est beau / clair / obscur

la ligne – Zeile
à la ligne 4 / trois lignes plus bas, l'auteur dit: ...
la troisième ligne en partant (à partir) du haut / du bas
lire entre les lignes

LA DESCRIPTION
Généralités

la description – Beschreibung
le roman commence / se termine par une description
l'écrivain donne une description de la nature, des traits physiques de son personnage, du cadre de l'action ...
cette description est pleine de réalisme / de poésie
apprécier l'exactitude de la description
cette description est assez précise pour qu'on puisse se représenter le lieu dans son ensemble
cette description nous ramène à un vieux quartier de Paris
la description est pittoresque / prise sur le vif / réaliste / exacte / précise / minutieuse / détaillée / saisissante / suggestive / évocatrice / sèche / générale / brossée à grands traits / vague / inexacte / stylisée / ennuyeuse

décrire – beschreiben
l'auteur décrit un personnage, le moral par le physique, un paysage ...
décrire qc dans tous les détails / minutieusement / en peu de mots / en termes vagues

la peinture – Schilderung, Darstellung
la peinture est une description qui parle à l'imagination du lecteur
l'écrivain fait la peinture des caractères, des passions, de la société de l'époque, des scènes de la nature ...
la peinture du moral par les traits physiques
le récit contient une peinture saisissante de qc
analyser les éléments réalistes de cette peinture
la peinture est exacte / nuancée / suggestive / évocatrice / saisissante

peindre – darstellen, schildern
l'écrivain peint le héros de son roman, la psychologie d'un personnage, les sentiments par les gestes, le paysage, la société ...
cet auteur suggère plus qu'il ne peint

le tableau – Beschreibung (als ein in sich abgeschlossenes Ganzes) le roman, le poème ... contient un tableau du printemps plein de charme

l'auteur peint / nous fait le tableau de la nature, d'une scène de famille ...

l'auteur brosse un tableau de la manière la plus suggestive

une impression générale se dégage de ce tableau

ce tableau est remarquable par les détails pittoresques

le tableau est pittoresque / vivant / précis / sobre / à peine esquissé / comique / teinté de mélancolie / intime / laid / repoussant

le portrait – Personenbeschreibung, Charakteristik
(cf. page 34: Les personnages)

le portrait est la description d'une personne

l'écrivain fait / donne / dessine le portrait physique et moral d'un personnage

le portrait nous livre / résume les traits caractéristiques d'un personnage

dans un portrait, l'auteur décrit le physique, la physionomie, la mimique, les mouvements, les gestes, l'allure, le comportement, les occupations, la psychologie, les sentiments, les passions, les états d'âme, les états d'esprit, le caractère, les vertus, les vices, les travers du personnage

le portrait de qn est pittoresque / pris sur le vif / tiré de la réalité / riche d'observations / précis / fidèle / complet / bien dessiné / dessiné à larges traits

les états d'âme:	les vices et les vertus:
la tristesse – Traurigkeit	**l'envie f** – Neid
la mélancolie – Schwermut	**l'orgueil m** – Hochmut
le regret – Leid, Bedauern	**l'injustice f** – Ungerechtigkeit
le désespoir – Verzweiflung	
la honte – Scham	**l'ambition f** – Ehrgeiz
la rage – Wut	**la vanité** – leerer Wahn, Eitelkeit
la haine – Haß	
le mépris – Verachtung	**l'avarice f** – Geiz
la peur – Furcht	**la vengeance** – Rachsucht
l'angoisse f – Angst	**le courage** – Mut
la douleur – Schmerz	**l'honneur m** – Ehre
l'enthousiasme m – Begeisterung	**la pitié** – Mitleid
	la bonté – Güte

la joie – Freude
la gaieté – Fröhlichkeit
l'affection f – Zuneigung
l'amitié f – Freundschaft
l'amour m – Liebe
la tendresse – Zärtlichkeit
la passion – Leidenschaft
la simplicité – Einfachheit, Einfalt
la politesse – Höflichkeit
la patience – Geduld
la fierté – Stolz

un sentiment se manifeste / s'exprime / se traduit par qc / naît / croît / diminue / s'éteint
un personnage a / éprouve / ressent / montre un sentiment
un personnage s'abandonne à sa douleur / surmonte sa douleur
dégager du texte les sentiments qui dominent un personnage
dans cette scène, l'auteur a voulu montrer la passion de son héros
l'amour, la haine, la mélancolie ... n'a guère de place dans ce roman / occupe le centre du roman

LA DESCRIPTION

Quelques caractéristiques de la description

le trait – Zug, Merkmal, Einzelheit
la richesse des traits dans un tableau
l'auteur nous livre des traits pittoresques
un trait significatif et pittoresque contribue fortement à rendre un personnage plus vivant
indiquer / relever / dégager les traits dominants du caractère, les traits les plus caractéristiques de la physionomie d'un personnage ...
noter le réalisme / le pittoresque de certains traits
l'auteur dessine un personnage, une ville à larges traits
un trait de courage, de générosité qui frappe particulièrement
les traits sont **bien observés** / **pittoresques** / **descriptifs** / **bien choisis** / **accumulés** / **frappants** // **physiques** / **moraux**

le contraste – Kontrast, Gegensatz
le contraste du jour et de la nuit, de la jeunesse et de la vieillesse, du beau et du laid ...

le tableau offre un beau contraste d'ombre et de lumière
un contraste existe entre ... et ... / produit un effet /
frappe / saute aux yeux
le caractère d'un personnage fait contraste avec celui d'un
autre
le contraste résulte de qc / est fortement marqué
le contraste est frappant / curieux / beau / sensible / voulu /
criant / violent

la nuance – Nuance, Schattierung, Feinheit
un tableau, un portrait ... est riche en nuances
l'auteur observe / **distingue** / saisit les moindres nuances
une nuance est faible / **légère** / fine / subtile / presque
insensible / imperceptible

nuancer qc – nuancieren, abstufen, gegeneinander absetzen
l'auteur sait nuancer les caractères de ses personnages

le pittoresque – Anschaulichkeit
le pittoresque résulte d'une observation attentive et minutieuse de la réalité
l'auteur décrit qc avec beaucoup de pittoresque
le pittoresque d'une page, d'un morceau choisi ... tient
au réalisme de la description

pittoresque – anschaulich
un trait, un détail, un tableau ... pittoresque

une atmosphère – Stimmung, Atmosphäre
l'auteur rend / crée / évoque une atmosphère dans son
tableau
l'auteur réussit à rendre l'atmosphère triste du paysage
qu'il décrit
une atmosphère de calme, de douceur, de paix, de mélancolie,
de mystère ... plane sur les choses
préciser l'atmosphère générale d'un paysage
l'atmosphère se modifie dans la deuxième partie du texte

la couleur locale – Lokalkolorit
trouver dans un récit, dans une pièce ... quelques traits
de couleur locale

L'ACTION
Généralités

une action – Handlung
l'action se passe à Paris / se déroule en vingt-quatre heures /
   progresse lentement (rapidement) / n'avance pas sensible-
   ment / manque de mouvement dramatique / se complique /
   mène (aboutit) **au dénouement**
le déroulement / la progression / le progrès / le mouvement /
   la rapidité / le ralentissement / l'accélération de l'action
un élément retardateur de l'action
un épisode n'a pas de rapport avec l'action principale
l'action éveille la curiosité des spectateurs
le lecteur est entraîné (emporté) par l'action
l'unité / la simplicité / la **duplicité** / la **complexité** / la
   vraisemblance / l'invraisemblance de l'action
distinguer les phases de l'action
le point culminant de l'action
cette tragédie manque d'action / est dépourvue d'action
l'action est simple / **double** / **compliquée** / extérieure /
   spectaculaire / intérieure / **psychologique** / chargée de
   peu de matière / amusante / intéressante / captivante /
   émouvante

une intrigue – verwickelte Handlung
l'intrigue se noue / se dénoue / repose sur une méprise /
   se complique au cinquième acte / renouvelle sans cesse
   l'intérêt / aboutit à un dénouement inattendu
l'amour, la surprise, le hasard, la méprise, la confusion,
   le malentendu, le quiproquo, la ruse ... commandent
   l'intrigue
examiner le rôle du hasard dans l'agencement de l'intrigue
le nœud / le déroulement / le dénouement de l'intrigue
un auteur est maître dans l'art de construire une intrigue
la rapidité / l'**habileté** / l'invraisemblance de l'intrigue
distinguer l'intrigue principale et les intrigues secondaires
l'intrigue est bien combinée / compliquée / simple / invraisemblable / bouleversante / piquante / obscure / faible /
   mince

L'ACTION
Le lieu de l'action

le lieu (de l'action) – Ort der Handlung
l'auteur donne une description précise du lieu où se déroule l'action
l'unité de lieu

le cadre – Rahmen, in dem die Handlung verläuft; Handlungsort
la ville de Paris sert de cadre à l'action
l'auteur met sous nos yeux / décrit le cadre où va se passer l'action
distinguer dans un tableau le cadre et les personnages
la mer d'un côté, des forêts de l'autre forment le cadre de ce beau tableau
le cadre antique des tragédies classiques

le décor – Handlungsort (besonders bei Romanen)
le décor, c'est le milieu où se passe l'action
l'auteur peint / dessine / brosse les décors
ce paragraphe nous présente une esquisse générale du décor

la scène – Handlungsort (besonders bei Dramen)
le scène se passe en Espagne, en 1519 (Hugo: «Hernani»)
les personnages présents sur scène / qui figurent sur la scène sont: ...

L'ACTION
Les parties de l'action

une exposition – Exposition
une pièce de théâtre s'ouvre sur l'exposition
dans l'exposition l'auteur nous renseigne sur (expose) les faits indispensables à la compréhension de l'action qui va suivre
l'exposition nous donne des renseignements sur la psychologie des personnages et sur la situation où ils se trouvent
les scènes d'exposition éveillent la curiosité / l'intérêt du public
apprécier la clarté et la brièveté de l'exposition

l'exposition est courte / longue / claire / concise / complète / dramatique / vivante

le nœud – Knoten, Verwicklung

le nœud de l'intrigue (de l'action) dans un roman, dans une pièce de théâtre ...

l'exposition, le nœud et le dénouement se succèdent

*

un événement – Ereignis

les événements de ce roman se passent à Paris en 1920

l'auteur suit dans son roman l'ordre chronologique des événements

les événements s'enchaînent logiquement / se succèdent / déroulent / se précipitent

sur le plan des événements, ce roman n'a aucun intérêt

un événement est curieux / grave / extraordinaire / probable / prévu / inattendu / plaisant / triste / funeste / tragique

un épisode – Episode

l'épisode est une partie de l'action; il se rattache à l'action principale

l'auteur enchaîne / multiplie les épisodes dramatiques dans un récit, dans une pièce de théâtre ...

les épisodes de l'action se déroulent vite

analyser la vigueur dramatique de cet épisode

ce roman contient une suite d'épisodes plaisants

un épisode est intéressant / curieux / important / insignifiant / dramatique / tragique / sanglant / comique / célèbre

la situation – Handlungssituation

examiner / résumer la situation à la fin (au début) du premier acte

dans cette comédie le malentendu, le hasard ... est source (est à l'origine) de situations fort comiques

la situation est émouvante / tragique / dramatique / critique / délicate / confuse / comique

*

le moment – Augenblick

le moment captivant / tragique / critique de l'action

le moment décisif approche

la péripétie – Handlungsumschwung, Peripetie
le lecteur observe les péripéties de l'action avec intérêt
la péripétie renouvelle l'intérêt du lecteur / fait rebondir l'action / provoque le dénouement
5 la péripétie est soudaine / inattendue / imprévue / bien (mal) amenée / dramatique / tragique / touchante / comique

le coup de théâtre – «deus ex machina», Theatercoup, überraschende Wendung
10 la situation se dénoue par un coup de théâtre
un coup de théâtre modifie brusquement la situation
les reconnaissances, à la fin des comédies de Molière, sont des coups de théâtre (cf. «L'Avare», acte V)

*

le dénouement – Schluß, Ende, Lösung
15 l'action (l'intrigue) aboutit à un dénouement / s'achève par le dénouement
l'auteur prépare / retarde / rend vraisemblable le dénouement d'une pièce de théâtre
le lecteur attend le dénouement avec intérêt, avec impa-
20 tience ...
l'intérêt ne fait que croître à mesure que le dénouement approche
le dénouement arrive / a lieu / termine la pièce / satisfait le spectateur
25 à la fin de la pièce, du roman ... nous assistons au dénouement tragique
le dénouement est brusque / bien amené / logiquement préparé / tragique / heureux / comique / imprévu / spirituel / banal / conventionnel

30 **la catastrophe** – tragischer Ausgang der Handlung
la catastrophe est le dénouement funeste d'une tragédie
l'action touche à la catastrophe / se termine par une catastrophe
un personnage provoque la catastrophe / court (échappe)
35 à la catastrophe
la catastrophe est terrible / funeste / effroyable / cruelle / affreuse / sanglante / sans recours / inévitable

L'ACTION
Les ressorts de l'action

le mobile – Motiv (im Seelischen liegend)
l'égoïsme, la haine, l'amour ... est le mobile de ses actions
le mobile pousse le personnage à faire qc
ignorer / chercher / découvrir les mobiles d'une action
dans ce récit, les mobiles des actes apparaissent toujours
  clairement / sont indiqués par l'auteur

le motif – Absicht, Motiv (im Geistigen liegend)
analyser les motifs pour comprendre les actions
pour quel motif a-t-il agi ainsi?
l'action a pour motif: ...
le motif est puissant / faible / bon / louable / honteux /
  apparent / caché / secret / juste / faux

le conflit – Konflikt
un conflit de passions, de devoirs, d'intérêts ... est la cause
  des actions d'un personnage
l'amour et le devoir entrent en conflit
le conflit trouvera sa solution au dénouement
le conflit est intérieur

LES PERSONNAGES

le personnage – Person (in einer Dichtung)
(cf. page 26: le portrait)

un personnage figure dans un récit, dans une pièce de théâtre ...
la liste des personnages
le personnage principal / central (= le héros) du roman; les personnages secondaires
un personnage joue un rôle important dans le roman / est inutile à l'action
caractériser un personnage
chaque personnage a sa physionomie, son caractère ...
l'auteur place ses personnages dans leur milieu
l'auteur présente la psychologie de ses personnages
étudier les différentes phases de l'évolution psychologique d'un personnage
l'auteur fait de ses personnages des êtres vivants
trouver des invraisemblances psychologiques dans un personnage
un personnage nous apparaît noble, généreux ...
le spectateur se met à la place d'un personnage
au dernier acte nous assistons à la mort du personnage principal
admirer le jeu, les attitudes, le costume d'un acteur qui incarne / interprète un personnage
un personnage entre en scène / sort
un personnage est fictif / légendaire / mythologique / allégorique / historique // bon / méchant // muet

Quelques personnages du théâtre:

le héros – Hauptperson
l'héroïne – weibl. Hauptperson
l'amant – Liebhaber
l'amante – Geliebte
le rival – Nebenbuhler
le valet – Diener
la servante – Dienerin
la confidente – Vertraute
le maniaque – Kauz, Tor
le misanthrope – Menschenfeind
l'hypocrite – Heuchler
le sot – Dummkopf
la naïve – die Naive
la coquette – die Kokette

le caractère – Charakter, Wesen einer Person
l'auteur peint / décrit des caractères
l'auteur excelle dans la peinture des caractères
chaque personnage parle / agit selon son caractère
ce personnage montre un noble caractère
étudier / analyser les traits principaux (dominants) du caractère d'un personnage
ce caractère complexe ne se ramène pas facilement à un trait dominant
cette scène nous révèle / montre quelques aspects nouveaux du caractère d'un personnage
un caractère est vrai / vivant / pris sur le vif / sans vie / invraisemblable / singulier / exceptionnel / difficile à analyser / complexe
un caractère est sensible / pondéré / sérieux / tendre / aimable / calme / doux / gai / paisible / sympathique // agressif / arrogant / brutal / coléreux / dur / inconstant / sournois / violent / passionné

LE FOND ET LA MORALE

le fond – Gehalt
le fond et la forme sont inséparables dans la poésie
analyser / étudier / discuter le fond d'un roman, d'une pièce ...
le fond de cette pièce est la lutte des passions et du devoir
ce récit amusant recouvre un fond sérieux

le sens – Sinn
le sens d'un mot, d'une phrase, d'un ouvrage ..
le poème a un sens profond / renferme un sens philosophique
le sens est difficile à élucider
le sens est profond / caché // clair / apparent

la morale (la moralité) – Moral einer Dichtung, Lehre
la fable se termine sur une morale (ou: moralité)
la morale d'une fable n'est pas toujours exprimée directement
la morale de cette scène, c'est que ...
la morale donne des préceptes pour la conduite de la vie
la morale suit ou précède la fable

la leçon – Lehre
la leçon de morale résulte / se dégage d'un ouvrage, d'une fable, d'un conte ...
tirer la leçon morale d'un conte

le plan philosophique – philosophische Aussage, der philosophische Hintergrund
distinguer le plan philosophique et le plan des événements dans un roman
étudier / analyser le plan philosophique d'une pièce de Sartre, de Voltaire

LE RAISONNEMENT
Généralités

le raisonnement – Gedankengang
le raisonnement est destiné à prouver qc
le point de départ de ce raisonnement est un exemple, une définition ...
l'auteur appuie son raisonnement sur des preuves, sur de bonnes raisons, sur des exemples ...
le raisonnement aboutit à des conclusions
suivre / analyser / critiquer / réfuter le raisonnement de ce texte
le raisonnement est clair / logique / concluant / juste / profond / subtil / faible / **incorrect** / illogique / décousu / creux / superficiel / hypothétique / **déductif**

une argumentation – Beweisführung
l'auteur démontre sa thèse par une argumentation logique
le point de départ / les étapes / la conclusion de l'argumentation
expliquer un point essentiel de l'argumentation
dénoncer dans cette argumentation une contradiction apparente / cachée
l'argumentation est bonne / exacte / solide / logique / dialectique / serrée / subtile / faible / incomplète / rhétorique

*

la pensée – Denken, Gedankenwelt, Ansicht
l'auteur expose / exprime / développe sa pensée
l'auteur cherche des termes précis pour bien exprimer sa pensée
pénétrer / entrer dans la pensée de qn
résumer l'essentiel de la pensée de qn
la pensée manque de clarté / **est difficile à comprendre**
la profondeur / la lucidité / l'étroitesse des pensées d'un auteur
la pensée est claire / nette / concise / subtile / originale / intéressante // obscure / vague / superficielle / banale

37

la considération – Überlegung, Erwägung
l'auteur donne / expose / présente des considérations générales sur un problème
l'auteur enchaîne logiquement ses considérations pour composer une dissertation

une idée – Gedanke, Vorstellung
une idée vient à qn / préoccupe qn
se faire une idée très nette de qc
l'auteur exprime / expose / développe ses idées sur qc
l'auteur met ses idées dans son ouvrage
analyser la complexité des idées dans une dissertation
l'auteur insiste / met l'accent sur une idée qui lui est particulièrement chère
cette idée constitue l'essentiel de ce texte
le développement et l'enchaînement des idées
l'auteur met de l'ordre dans ses idées / évite la confusion des idées / recherche la clarté dans l'exposé de ses idées
il n'y a que des idées décousues dans ce texte
trouver une analogie d'idées dans un autre texte
emprunter à qn ses idées
partager / défendre / approuver // désapprouver / condamner les idées de qn
une idée nous paraît juste / claire / nette / précise / simple / profonde / haute / originale / neuve / abstraite // fausse / obscure / trop vague / confuse / absurde / banale

le lieu commun – Gemeinplatz
le lieu commun est une idée banale que tout le monde utilise
l'auteur tombe dans les lieux communs / exploite les lieux communs de la philosophie / s'écarte des lieux communs

*

la conception – Auffassung, Vorstellung
l'auteur se fait une conception personnelle de qc
constater dans un texte l'opposition de deux conceptions
cette conception est personnelle / claire / confuse / nuageuse / nébuleuse / idéale // analogue ou contraire à une autre

une opinion – Meinung
l'auteur a une opinion sur qc
l'opinion de l'auteur est que ...
l'auteur donne / exprime / expose / formule / avance / dit
  franchement / cache / renie son opinion sur une question
l'auteur appuie son opinion sur des raisons
examiner / approuver / partager / adopter / attaquer /
  combattre / réfuter une opinion
une opinion a beaucoup d'adversaires
les opinions divergent / s'opposent
l'opinion est motivée / bien (mal) fondée / personnelle // toute
  faite / fausse / discutable / contestable / absurde

la position – Standpunkt, Einstellung zu etw.
la prise de position sur une question
l'auteur précise sa position / a (prend) une position nette
  sur une question

LE RAISONNEMENT

Le sujet

le sujet (ou: thème) – Thema
quel est le sujet de cette dissertation, de ce roman?
qc fait le sujet d'une dissertation
l'auteur cherche / aborde / choisit / touche / traite / épuise
  le sujet
l'auteur indique / expose le sujet dans l'introduction
l'auteur passe d'un sujet à l'autre / s'écarte de son sujet /
  revient à son sujet
rapporter ce qu'un autre auteur a dit à ce sujet
le sujet est intéressant / d'une grande actualité / difficile /
  inépuisable / vieux / rebattu / bien (mal) choisi

une idée générale – der behandelte Gegenstand, Thema
quelle est l'idée générale du texte à expliquer (= de quoi
  s'agit-il?)
préciser / indiquer l'idée générale du texte
l'idée générale de ce texte est ...
remonter à l'idée générale

la question (le problème) – Problem, Frage
l'auteur, le livre ... pose / aborde / soulève / examine / étudie / traite / débat / discute / résout une question
la question se pose / n'a pas été abordée dans ce livre
5 mettre à part / réserver la question de ...
(ne pas) toucher au fond de la question
toute cette question se réduit à ce point: ... / à savoir si ...
la solution d'une question
une question se complique / reste sans réponse
10 examiner la portée d'une question
une question est à l'ordre du jour / préoccupe les esprits / donne lieu à des discussions
une question est intéressante / curieuse / simple / facile / difficile / insoluble / vaste / complexe / épineuse / impor-
15 tante / brûlante / grave / délicate / secondaire // philosophique / esthétique / politique / sociale / littéraire

LE RAISONNEMENT
Les étapes du raisonnement

la thèse – Behauptung, These
20 l'auteur expose / développe / soutient / défend / fait admettre / attaque / combat une thèse
la thèse adverse

*

la preuve – Beweis
l'auteur a / donne / apporte / fournit des preuves de ce
25 qu'il a avancé
la preuve en est que ...
l'auteur n'a pas / manque de preuves
la preuve du contraire
la preuve est bonne / forte / frappante / convaincante /
30 solide / irréfutable / incontestable // mauvaise / artificielle / faible / insuffisante
prouver – beweisen
l'auteur prouve ce qu'il a avancé dans le premier paragraphe; il prouve la justesse d'une affirmation
35 rien n'est encore prouvé, l'auteur se trouve dans le champ des hypothèses gratuites

un argument – Argument
l'auteur donne / apporte / formule / expose / présente / développe / fait valoir / accumule / discute / renforce / combat / réfute des arguments
l'auteur appuie une affirmation sur de bons arguments
l'auteur démontre la justesse / le bien-fondé / la fausseté d'une thèse par des arguments
ces arguments permettent de conclure que ...
trouver dans un texte une savante gradation des arguments
un argument convainc le lecteur / ne porte pas / est à double tranchant
répondre à des arguments de l'adversaire
opposer ses arguments à ceux de l'adversaire
la réfutation des arguments
répéter les mêmes arguments
un argument est clair / solide / valable / irréfutable / puissant / convaincant / décisif / logique / favorable à une thèse / faible / faux / trompeur / sophistique / absurde / spécieux

la raison – Grund
l'auteur cherche / donne / apporte / expose / développe ses raisons pour démontrer (justifier) sa thèse
l'auteur appuie son opinion sur de bonnes raisons
l'auteur a de bonnes raisons à opposer à son adversaire
l'auteur convainc le lecteur avec (par) des raisons puissantes
une raison est solide / forte / convaincante / décisive / valable / faible / mauvaise / spécieuse

une objection – Einwand
l'objection est un argument que l'on oppose à une opinion pour la réfuter
faire / réfuter une objection
prévoir / prévenir une objection qui va être faite
répondre à des objections
une objection ne tient pas debout / ne résiste pas à l'analyse
l'objection principale / essentielle
une objection est grave / irréfutable / forte / solide / fondée / sans réplique / faible / subtile

un exemple – Beispiel
l'auteur cherche / donne / cite un exemple pour illustrer une idée abstraite
l'auteur démontre qc par un exemple
5 l'auteur emprunte un exemple à l'actualité, à l'histoire, à la mythologie grecque ...
un exemple est bon / bien (mal) choisi / **excellent** / mauvais

la citation – Zitat
10 l'auteur met une citation dans le texte
tirer une citation d'un ouvrage
l'auteur emprunte une citation à un personnage célèbre pour illustrer ou appuyer ce qu'il a avancé
mettre une citation entre guillemets et donner **la** référence
15 de la citation
contrôler / vérifier une citation
une citation est exacte / conforme au texte / authentique / longue // fausse / abrégée
citer – zitieren
20 citer un vers, une phrase, un passage, un auteur ...
citer littéralement / fidèlement / **de façon juste (fausse) /** largement / abondamment / copieusement

la définition – Definition
donner la définition d'un mot, d'un terme, d'une chose ...
25 la définition est claire / bonne / **exacte** / **correcte** // fausse / obscure / trop vague / confuse / inexacte / incomplète
définir – definieren

la distinction – Unterscheidung, Unterschied
faire la distinction entre ... et ... / du bien et du mal
30 il y a ici une distinction importante à faire
la distinction est grande / apparente // **subtile** / fragile / artificielle
distinguer – unterscheiden, auseinanderhalten
distinguer les divers sens d'un mot
35 la raison distingue l'homme des animaux

la condition – Bedingung
l'auteur pose / met une condition

la conséquence – Folge
qc est la conséquence de qc / a pour conséquence qc

l'auteur tire une conséquence de qc pour qc
une conséquence résulte de ...
la conclusion – Folgerung, Ergebnis, Schluß
l'auteur tire la conclusion du raisonnement
cette conclusion ne repose que sur des hypothèses / est en contradiction flagrante avec une autre conception (vue) des choses
la conclusion est bonne // fasse / hâtive
conclure – folgern
de ce raisonnement / de cet argument on peut conclure que ...

la solution – Lösung
l'auteur cherche / trouve / rejette la solution d'une question

LA VERSIFICATION
La strophe

la strophe – Strophe
un poème **se compose de (comprend) plusieurs strophes**
5 la strophe **se compose de plusieurs vers** / contient des procédés de versification: rejet, rimes croisées ...
parler d'abord de la strophe du début

le quatrain – Vierzeiler, Quartett
le quatrain **est une strophe de quatre vers**
10 le sonnet **commence par deux quatrains**
cette ode **est composée de quatrains**

le tercet – Dreizeiler, Terzett
le tercet **est une strophe de trois vers**
un sonnet **est formé de deux quatrains et de deux tercets**

15 **le couplet** – Liedstrophe
cette chanson **comprend quatre couplets**

le distique – Distichon
le distique **est un groupe de deux vers** (le plus souvent: alexandrin et décasyllabe) **offrant un sens complet**

20 **la stance** – Stanze
le monologue du Cid (acte I) **se compose de stances**

la laisse – Laisse
la laisse **est une strophe d'une épopée du moyen âge**
les laisses de la «Chanson de Roland»

LA VERSIFICATION
Le vers

le vers – Vers
le poète **fait / compose / écrit des vers**
le vers **se compose de plusieurs syllabes (pieds)** / contient
30 une coupe / renferme un hiatus / **forme deux hémistiches** / enjambe sur le vers suivant
le nombre des vers dans chaque strophe
le rythme expressif / la souplesse / la régularité / la monotonie / la longueur / **la brièveté** / les sonorités du
35 **vers**

44

le vers sonne bien / coule avec une grande aisance
ce vers offre une belle antithèse, une métaphore ...
ce vers a la forme concise d'une sentence, d'une maxime ...
ce vers de Corneille est passé en proverbe
le vers se fixe aisément dans la mémoire
le poète rime les vers / coupe les vers en hémistiches
le mètre du vers est déterminé par le nombre des syllabes
le poète associe des vers de mètres différents en une strophe
ce vers brise la prose
ce vers contient une accumulation de liquides, de monosyllabes ..
le vers est rimé / blanc / régulier / irrégulier
le vers est beau / **sonore** / **élégant** / médiocre / déclamatoire / pompeux / travaillé

un alexandrin – Alexandriner, Zwölfsilber
l'alexandrin comprend 12 syllabes avec la césure, le plus souvent, après la sixième syllabe
une tragédie est écrite en alexandrins
un poète emploie l'alexandrin dans un poème
l'ampleur / la majesté un peu lourde / la monotonie de l'alexandrin régulier
le poète assouplit l'alexandrin en variant les coupes
le décasyllabe – Zehnsilber
ce poème est écrit en décasyllabes
un octosyllabe – Achtsilber
les vers libres – freie Rhythmen
cette fable de La Fontaine est écrite en vers libres
dans la poésie classique, les **vers libres** sont une suite de vers qui sont de longueur inégale et dont les rimes sont combinées de façon variée

LA VERSIFICATION

Les parties du vers

la coupe – Zäsur, Einschnitt
le vers renferme une coupe
ces vers comportent des coupes très variées
les coupes d'une phrase dans la prose
une coupe est efficace / sensible / régulière / suggestive

la césure – starke Zäsur
la césure coupe le vers en hémistiches
la monotonie de la césure centrale
un hémistiche – Halbvers
5 l'alexandrin se coupe après la sixième syllabe et forme deux hémistiches symétriques de six syllabes
les hémistiches sont symétriques / inégaux / bien marqués
le rejet – Enjambement
le rejet d'un mot au vers suivant
10 le poète emploie le rejet
le rejet est expressif / magnifique
un enjambement – Enjambement (mehrerer Wörter)
apprécier l'enjambement du vers 3 sur le vers 4
les enjambements rendent le vers plus souple

LA VERSIFICATION
La rime

la rime – Reim
la rime pauvre (né-été); la rime suffisante (charité-pauvreté); la rime riche (maison-saison)
20 les rimes suivies ou plates (aa bb cc); les rimes embrassées (abba cddc); les rimes croisées (abab cdcd)
constater dans un poème une alternance de rimes masculines (m) et féminines (f): mfmf
le poète varie les combinaisons de rimes
25 une rime sonne bien à l'oreille
cette strophe est construite sur deux rimes
étudier la disposition des rimes dans les tercets d'un sonnet
la contrainte de la rime se fait sentir dans ce poème
rimer – reimen
30 ces deux mots riment bien
le poète rime bien / facilement / mal
une assonance – Assonanz (nur die Vokale reimen)
dans les anciens poèmes, l'assonance tient lieu de rime
l'assonance, c'est la répétition de la dernière voyelle accen-
35 tuée du mot (visage-face)

LE STYLE
Généralités

le style – Stil, Ausdruck
l'auteur soigne / corrige / allège / néglige / alourdit son style
un auteur est un grand artiste du style (un grand styliste)
analyser / étudier le style d'un auteur
les qualités et les défauts du style
faire ressortir l'élégance, l'aisance, la légèreté, la souplesse, la concision, la précision, le naturel, la simplicité, l'harmonie, la musicalité, l'affectation, le maniérisme, la sécheresse ... du style
les qualités de style rendent l'ouvrage attrayant
le style est correct / clair / élégant / léger / brillant / expressif / plein de force / saisissant / concret / coloré / poétique / abstrait / noble / **souple** / **pur** / **travaillé** / recherché / froid / lourd / monotone / affecté / oratoire / confus / obscur / nuageux / vulgaire / plat

LE STYLE
La langue

la langue – Sprache
analyser la langue de La Fontaine dans ses fables
la langue d'un auteur est propre à fixer toutes les nuances de sa pensée
une expression appartient à la langue vulgaire
la langue **est** riche / pure / classique / précieuse / poétique / moderne / **vivante** / vulgaire // **écrite** / **parlée**

le vocabulaire – Wortschatz
l'auteur utilise / emploie un vocabulaire riche (pauvre)
le vocabulaire pittoresque / affectif / religieux / scientifique / technique

*

le mot – Wort
les lettres, les syllabes qui constituent un mot

la terminaison, le préfixe, le suffixe du mot
le sens propre (figuré / péjoratif), la signification, l'étymologie, la racine, la définition du mot
qu'est-ce que l'auteur entend par le mot «liberté»?
un mot s'écrit ... / est du style familier / s'emploie en poésie / rend bien la pensée de l'auteur / veut dire qc / signifie qc / désigne qc / exprime une idée / est le synonyme d'un autre / est mis en tête de la phrase
l'auteur écrit / emploie / dit / cherche / crée / définit un mot; l'auteur pèse ses mots
l'auteur souligne un mot / appuie (insiste) sur un mot / accentue un mot
chercher les mots-clefs d'un paragraphe
un mot est emprunté au vocabulaire religieux
un mot isolé de son contexte
remettre / situer un mot dans le contexte
une famille de mots
un mot est simple / composé / dérivé / variable / invariable
un mot est courant / juste / expressif / sonore / abstrait / concret / pittoresque / obscur / vague / vide de sens / à double sens / ambigu / rare / vieux / vieilli / familier / étranger

le terme – Begriff
l'auteur emploie des termes abstraits / cherche la propriété et la précision des termes pour exprimer sa pensée (ses idées)
une phrase est chargée de termes abstraits
les termes techniques du langage philosophique, musical, poétique, littéraire, politique ...
le terme est abstrait / concret / courant / très employé / clair / obscur / propre / précis / vague / vieilli

une épithète – (attributives) Adjektiv, Beiwort
l'épithète est un adjectif qui sert à qualifier un nom
l'écrivain choisit / emploie / ajoute / accumule des épithètes
une épithète est appliquée à une chose
ce nom est accompagné de deux épithètes qui le qualifient
les épithètes ont une valeur descriptive / sont de purs ornements
examiner le choix des épithètes

l'épithète est belle / juste / caractéristique / pittoresque / imagée / **expressive** / **suggestive** / **vague** / banale // placée devant ou derrière le nom

un archaïsme – veraltetes Wort, veralteter Ausdruck
l'archaïsme est un mot (une tournure) qui a vieilli / qui n'est plus en usage
(contraire: le néologisme)

la cheville – Füllwort, Flickwort
cette cheville est mise dans le vers pour le mètre, pour la rime ...
cette épithète est une cheville

*

une expression – Ausdruck, Formulierung
une expression signifie / indique / **désigne** / **veut dire** qc
une expression rend / traduit l'idée
une expression peint qc à merveille
l'auteur cherche à traduire ses idées par des expressions précises / emploie des expressions simples qui appartiennent au langage courant
une expression se trouve chez un auteur / est du style familier / appartient au style noble
une expression est correcte / juste / précise / concise / nette / noble / élégante / brillante / spirituelle / recherchée / vague / obscure / fausse / équivoque / figurée / imagée / ironique / difficile à traduire / peu (très) employée / courante / toute faite / banale / familière / argotique / vulgaire / forte

la tournure – Wendung, Formulierung
la tournure d'une phrase
l'auteur emploie une tournure / se sert d'une tournure élégante, banale ...

la formule – Formulierung
l'auteur emploie une formule antithétique / brève / concise / banale
cette formule est ici employée avec ironie
certaines formules de cette scène sont restées proverbiales

la figure (le procédé) de style – Stilfigur
relever les figures de style dans un passage: métaphore, périphrase, antithèse, chiasme, anaphore, synecdoque ... (cf. page 50–54)
constater la diversité des procédés de style dans un texte
une figure de style est belle / bien placée / expressive

*

la phrase – Satz, Satzgefüge
l'auteur construit une phrase
l'auteur allonge la phrase par une accumulation d'épithètes
l'auteur coupe la phrase
la mélodie, le rythme, le mouvement, les membres rythmiques de la phrase
la ponctuation de la phrase marque les pauses
examiner / analyser la construction grammaticale d'une phrase
la phrase a de la clarté / est facile à comprendre
dissiper / éclairer l'obscurité d'une phrase en la remettant dans son contexte
sauter une phrase trop difficile
une phrase est claire / obscure / correcte / incorrecte / courte / bien (mal) construite / élégante / bien proportionnée / trop longue / complexe / boîteuse / vide / toute faite / banale // principale / subordonnée / exclamative / interrogative / affirmative / négative

la période – kunstvolles Satzgefüge
ce paragraphe est fait d'une ample période
l'auteur allonge / coupe la période
le rythme / l'équilibre de la période
une période est belle / élégante / équilibrée / harmonieuse / arrondie / oratoire / longue / claire / obscure

LE STYLE

Quelques procédés de style

une antithèse – Antithese
dans une antithèse, l'auteur oppose à l'intérieur d'une même phrase des termes tout à fait contraires (Ex.: La critique est aisée, mais l'art est difficile.)

cette phrase contient une antithèse
relever quelques antithèses dans un texte, dans un passage, dans les vers ...
l'auteur aime / recherche / emploie des antithèses
une antithèse **est brillante / saisissante / forcée / recherchée / fortement marquée**
antithétique – antithetisch
une phrase / une formule / un vers antithétique

la parenthèse – Einschub, Parenthese
l'auteur fait des parenthèses (des digressions)
dire / mettre qc entre parenthèses
ouvrir / fermer la parenthèse

une énumération – Aufzählung
l'auteur fait une énumération de traits, d'épithètes, de faits ...
l'énumération **est longue / ample / interminable / ennuyeuse**
énumérer – aufzählen
énumérer des détails pittoresques

une accumulation – Häufung
l'auteur fait une accumulation d'épithètes, de détails, de traits caractéristiques ...

la répétition – Wiederholung
la répétition monotone / ennuyeuse du même mot dans la même phrase
l'auteur fait des répétitions / évite les répétitions

le pléonasme – Pleonasmus
le pléonasme est l'emploi de mots qui sont inutiles au sens (Ex.: monter en haut.)
l'auteur aime / évite les pléonasmes
le pléonasme est vicieux

la tautologie – Tautologie
la **tautologie est une répétition inutile de la même idée en termes différents (Ex.: Etre sûr et certain)**
cette formule est une tautologie

la périphrase – Umschreibung, Periphrase
l'auteur emploie une périphrase au lieu du terme précis / **parle par périphrases (Ex.: l'astre du jour: le soleil)**
cette périphrase désigne: ...

la périphrase est longue / obscure / **difficile à comprendre** // élégante / précieuse

un euphémisme – Euphemismus
l'euphémisme désigne une réalité déplaisante en termes favorables (Ex.: au lieu de dire «mourir» on dit «s'en aller»)

une allusion – Anspielung
l'auteur fait allusion à qc
une phrase contient une allusion mythologique, historique ...
glisser / comprendre / relever / saisir une allusion
une allusion vise qn / passe inaperçue
une allusion est fine / discrète / spirituelle / juste / transparente / recherchée / **forcée** / méchante / perfide / personnelle

le sous-entendu – Anspielung
ce texte est plein de sous-entendus
l'auteur procède par sous-entendus malicieux
sous-entendre qc – etw. indirekt sagen
l'auteur sous-entend ce qu'il ne veut pas exprimer directement

*

l'ironie f – Ironie
l'ironie est la façon de dire le contraire de ce que l'on veut faire entendre
l'auteur dit qc / répond avec ironie
comprendre / ne pas comprendre l'ironie qui se manifeste dans le texte
caractériser, d'après un passage, l'ironie de l'auteur
l'ironie est fine / délicate / transparente / voilée / imperceptible / amère / moqueuse / cruelle / mordante

une hyperbole (ou: exagération) – Übertreibung
cette formule est une hyperbole
le texte contient des exagérations
c'est par hyperbole que l'auteur parle ainsi
l'auteur tombe dans l'exagération (Ex.: Mourir de peur)
exagérer – übertreiben
l'auteur exagère en disant ...

la comparaison – Vergleich
l'auteur fait des comparaisons entre ... et ...
une idée se traduit mieux par l'emploi de comparaisons
l'auteur a pris les termes de sa comparaison dans le langage militaire, dans le monde des animaux ...
le premier / le second membre d'une comparaison
une comparaison **est juste / frappante / poétique / belle / recherchée / forcée / déplacée / plate / arbitraire / fausse / rhétorique**

une image – Bild, bildlicher Ausdruck
le poète s'exprime par images
l'image traduit l'idée / la rend vivante / l'amplifie
indiquer / relever les images employées dans le texte
cette image est d'une grande beauté, elle nous fait penser à ...
l'image est poétique / charmante / vraie / frappante / originale / précise / juste // banale / usée / précieuse

la métaphore – Metapher, übertragener Ausdruck
«le pied d'une montagne», «la source du mal» sont des métaphores
un poète emploie / abuse des métaphores / multiplie les métaphores
le style de ce texte est riche en métaphores
cette métaphore est empruntée à la nature
une métaphore est belle / originale / expressive / juste / courante // un peu usée / banale / outrée / déplacée

un symbole – Symbol, Sinnbild
le symbole est un récit ou une suite d'images qui suggèrent une réalité en la transposant
le symbole est hardi / heureux / naturel / traditionnel

une allégorie – Allegorie
l'allégorie est une personnification d'abstractions (Ex.: la Justice, la roue de la Fortune)
découvrir / expliquer le sens d'une allégorie
une allégorie est claire / transparente / obscure / recherchée
allégorique – allegorisch
un poème, un personnage ... allégorique

53

la personnification – Personifikation
la personnification de la nuit, de la mort, de la douleur, du temps fugitif ... dans un poème
la personnification est pathétique / poétique / allégorique
personnifier – personifizieren
personnifier, c'est représenter une chose inanimée ou abstraite sous les traits d'une personne
la douleur, la nuit, la nature ... est personnifiée dans ce poème

*

une apostrophe – Anrede, Apostrophe
par une apostrophe, l'auteur s'adresse à qn / à qc (Ex.: O ciel!)
une apostrophe adressée au ciel, aux dieux, à la postérité, aux siècles futurs, à la nature ...

une exclamation – Ausruf
«Hélas!», «Peste!» sont des exclamations
l'exclamation exprime de manière spontanée une émotion, un sentiment
une exclamation de surprise, de douleur, de joie ...
une exclamation est pathétique / lyrique / ironique

L'HISTOIRE LITTÉRAIRE
Généralités

l'histoire littéraire f – Literaturgeschichte
placer / situer un auteur, un texte ... dans l'histoire littéraire
l'histoire littéraire comprend plusieurs époques / périodes
la période – Periode
la période classique, romantique ... de l'histoire littéraire
une période commence / s'étend de ... à ... / finit
une époque – Epoche
la littérature de l'époque classique / romantique / contemporaine
le passage d'une époque à l'autre se fait lentement / brusquement
dégager les traits caractéristiques de l'époque romantique
une œuvre fait époque dans l'histoire de la littérature / est dans le goût de cette époque
une époque de transition

L'HISTOIRE LITTÉRAIRE
Les époques de l'histoire littéraire

l'antiquité f – Altertum
l'imitation de l'antiquité
les auteurs de l'antiquité: les anciens (par opposition aux modernes)
antique – antik
la littérature antique

le moyen âge – Mittelalter
la littérature courtoise du moyen âge
médiéval, e – mittelalterlich

la Renaissance – Renaissance
le XVIe siècle français est le siècle de la Renaissance
l'humanisme est l'idéal de la Renaissance

la Pléiade – Plejade
les poètes de la Pléiade: Du Bellay, Ronsard
la doctrine / l'art de la Pléiade

la préciosité – Preziosität
la préciosité du style
Mlle de Scudéry est l'incarnation la plus pure de la préciosité
5 la préciosité littéraire / ridicule
précieux, se – preziös
la langue précieuse, le style précieux

le classicisme – Klassik, Klassizismus
la littérature, les auteurs ... du classicisme
10 le classicisme a un idéal de perfection formelle
classique – klassisch, klassizistisch
le siècle classique: le XVIIe siècle
l'époque, l'auteur, la langue, le style, la doctrine classique
étudier la formation de la doctrine classique au XVIIe siècle
15 un ouvrage est devenu classique

le siècle des lumières (le rationalisme) – Aufklärung
le siècle des lumières est le XVIIIe siècle
Voltaire est un représentant du siècle des lumières

le romantisme – Romantik
20 le romantisme est une réaction contre les dogmes du classicisme et contre le rationalisme
le romantisme proclame la primauté du sentiment et de l'imagination
romantique – romantisch
25 la poésie romantique subit l'influence anglaise et allemande
le lyrisme, la mélancolie ... romantique
Rousseau est un auteur pré-romantique
romanesque – romanhaft
des aventures romanesques et merveilleuses

30 **le réalisme** – Realismus
le réalisme s'oppose à l'idéalisation de la réalité / se révolte contre le romantisme
un auteur décrit qc avec réalisme
le réalisme d'une description, de certains traits dans un
35 roman de Balzac ...
réaliste – realistisch
un roman, une description, un détail ... réaliste
Flaubert est un romancier réaliste

le naturalisme – Naturalismus
le naturalisme est une doctrine littéraire qui pense que l'art doit reproduire la nature
le naturalisme se plaît dans la reproduction minutieuse des moindres détails de la réalité physique, du réel le plus grossier et le plus bas
naturaliste – naturalistisch
le roman naturaliste de Zola

le Parnasse – Parnaß
le groupe du Parnasse
le Parnasse est un mouvement littéraire issu de «L'art pour l'art»
parnassien, ne – Parnaß ...
Leconte de Lisle, Hérédia, Sully-Prudhomme, François Coppée appartiennent à l'école parnassienne
la poésie parnassienne

le symbolisme – Symbolismus
le symbolisme est un mouvement poétique
les poètes du symbolisme: Mallarmé, Verlaine, Rimbaud
le récit de la mort du pélican (Musset: «La Nuit de Mai») est d'un symbolisme frappant
symboliste – symbolistisch

le Surréalisme – Surrealismus
le Surréalisme tente d'accéder par la poésie à un univers supérieur à celui des apparences
le Surréalisme veut libérer l'écriture du contrôle de la raison

L'HISTOIRE LITTÉRAIRE
Les phases d'une époque littéraire

l'origine f – Ursprung
les origines étrangères du romantisme français
chercher / trouver / étudier les origines du romantisme

le devancier – Vorgänger
l'auteur imite / égale / surpasse ses devanciers
l'auteur profite de ses devanciers
l'art de Molière ne doit rien à ses devanciers

le précurseur – Vorläufer
Baudelaire est un précurseur du symbolisme
une influence – Einfluß
exercer une grande influence sur les contemporains, sur son époque, sur la génération suivante ...
l'auteur subit l'influence de qn
retrouver / étudier l'influence de la préciosité dans un poème
un avènement – Aufstieg, Herannahen
l'avènement d'une époque nouvelle
les œuvres de Mme de Staël préparent l'avènement du romantisme
l'apogée m – Höhepunkt, Blütezeit
un poète, une époque littéraire ... atteint / est à son apogée
le déclin – Niedergang
une époque tend vers son déclin
l'échec des «Burgraves» (Victor Hugo) marque le déclin du romantisme
un imitateur – Nachahmer
les créateurs, les novateurs et les imitateurs
l'imitateur choisit un modèle / s'efforce d'égaler son modèle
un poète se fait l'imitateur des anciens
un auteur a d'innombrables imitateurs
imiter – nachahmen
l'auteur moderne imite l'antiquité, les anciens, un auteur classique ...
imiter avec excès et maladresse
cette comédie est imitée de Molière

APPENDICES

LEXIQUE

(Ce lexique, destiné à faciliter la compréhension des pages 7 à 58, ne contient que les mots difficiles à traduire pour le lecteur allemand.)

aborder – eingehen auf, erörtern
abrégé, e – gekürzt
abuser – zu häufig gebrauchen
accélération(f) de l'action – Beschleunigung des Handlungsverlaufs
accumulation f – Häufung
accumuler – häufen
s'achever – enden
adaptation f – Bearbeitung
admettre – einräumen; **faire ~** – die Zustimmung verschaffen
adopter une opinion – sich eine Meinung zueigen machen
adversaire m – Gegner
affectation f – Unnatürlichkeit
affecté, e – gesucht
agencement m – Aufbau, Struktur
air m – Melodie
aisance f – Gewandtheit
alléger – überarbeiten
allusion f – Anspielung
alourdir – schwerfällig formulieren
amasser les matériaux – Stoff sammeln
ample – umfangreich

ampleur f – Breite
amplifier – ausweiten
anciens m pl – Autoren des klassischen Altertums
animé, e – lebendig
apprécier – würdigen, anerkennen
approfondi, e – gründlich
arbitraire – willkürlich
argotique – umgangssprachlich
artificiel, le – gesucht

badin, e – tändelnd, scherzhaft
bastonnade f – Stockschläge
boîteux, se – ungeschickt
bouffon, ne – possenhaft
bouleversant, e – erschütternd
bref, brève – kurz
brièveté f – Kürze
brosser – in groben Zügen beschreiben

captivant, e – spannend
chantre m – Sänger, Dichter
circonstancié, e – sehr ausführlich
combinaison f – Anordnung
comble m – Höhepunkt
complexe – verwickelt, vielseitig
comportement m – Verhalten

59

composer – verfassen, schreiben, dichten
compréhension f – Verständnis
concevoir – ausdenken
concis, e – kurz und bündig
concision f – Kürze, Prägnanz
concluant, e – schlüssig
conclusion f – Ergebnis, Schluß
consacrer à – verwenden für
constituer – ausmachen, bilden
contemporain m – Zeitgenosse
contestable – anfechtbar
contradiction f – Widerspruch
convaincant, e – überzeugend
copieusement – ausführlich
coupe f – Zäsur
coupure f – Kürzung
creux, se – gedankenarm
croître – sich steigern
curiosité f – Spannung, Interesse

décasyllabe m – Zehnsilber
décisif, ve – entscheidend
décousu, e – unzusammenhängend
dégager – herausarbeiten
délibératif, ve; monologue (m) ~ – Entscheidungsmonolog
démontrer – zeigen, beweisen

dénouement m – Ende der Handlung
dérivé, e – abgeleitet
déroulement m – Ablauf, Gang
développement m – Hauptteil
didactique – lehrhaft
digression f – Abschweifung
dissertation f – Aufsatz
divertissant, e – unterhaltend

s'écarter – abschweifen
éditer – herausgeben
efficace – wirkungsvoll
emporté, e – hingerissen
emprunter – entlehnen
enchaînement m – Verknüpfung
envoi m – letzte Strophe der Ballade
épineux, se – schwierig
épithète f – Beiwort, Adjektiv
épuiser – erschöpfend behandeln
équilibré, e – ausgewogen
équivoque – mehrdeutig
esquisser – entwerfen
évocateur, trice – anschaulich, Phantasie anregend
évolution f – Entwicklung
exploiter – benutzen, ausschlachten
exposer – darlegen

fécond, e – schöpferisch
fictif, ve – erdichtet
figuré, e – übertragen, bildlich
fond m – Gehalt
fondé, e – begründet

forcé, e – gesucht, gekünstelt
frappant, e – auffällig
frapper – auffallen
funeste – verhängnisvoll

glisser – einfließen lassen
gradation f – Steigerung
gratuit, e – unbegründet
guillemet m – Anführungszeichen

hémistiche m – Halbvers

illogique – unlogisch
imagination f – Phantasie
imprévu, e – überraschend
incarnation f – Inbegriff
incontestable – unanfechtbar
indication f – Angabe
insignifiant, e – unbedeutend, unwichtig
insoluble – unlösbar
intégral, e – ungekürzt
interlocuteur m – Gesprächspartner
interpréter – darstellen
irréfutable – unwiderlegbar

lancer – vorbringen
légèreté f – Gewandtheit
littéralement – wörtlich
livrer – äußern, angeben
lucidité f – Klarheit

mal(m) du siècle – Weltschmerz
marqué, e – deutlich herausgearbeitet
médiocre – mittelmäßig
méprise f – Verwechslung
merveilleux, se – Wunder ...

minutieux, se – eingehend, genau
modernes m pl – Autoren der Neuzeit
modifier – verändern
monosyllabe m – einsilbiges Wort
mordant, e – beißend

narrateur m – Erzähler
narratif, ve – erzählend
négligeable – nebensächlich
net, te – klar, deutlich
nuageux, se – unklar

obscur, e – unverständlich
oratoire – rhetorisch, pathetisch
outré, e – übertrieben

paragraphe m – Abschnitt, Absatz
passage m – Textstelle
pastoral, e – Schäfer...
peindre – darstellen, schildern
physique m – das Äußere
pittoresque – anschaulich, malerisch
ponctuation f – Zeichensetzung
portée f – Bedeutung
porter – zutreffen
précédant, e – vorhergehend
précepte m – Lehre
préfixe m – Vorsilbe
préoccuper – beschäftigen
prévenir – vorwegnehmen
propriété f – Genauigkeit
puiser – entlehnen

quiproquo m – Verwechslung

raison f – Verstand; Grund
ralentissement(m) de l'action – Verlangsamung des Handlungsverlaufs
ramener – versetzen; zurückführen auf
rapport m – Beziehung, Übereinstimmung
rapporter – wiedergeben
rebattu, e – abgedroschen
rebondir; faire ~ – neuen Auftrieb geben
recherché, e – gesucht
reconnaissance f – Erkennungsszene
référence f – Stellenangabe
réfutation f – Widerlegung
réfuter – widerlegen
rejeter – ablehnen
relever – hinweisen auf, hervorheben
remaniement m – Überarbeitung
renfermer – enthalten
renforcer – bekräftigen
ressortir; faire ~ – herausstellen
retardateur, trice – verzögernd
révéler – verdeutlichen

saisissant, e – ergreifend, erstaunlich
sécheresse f – Nüchternheit, Farblosigkeit
serré, e – kurz und bündig

significatif, ve – bezeichnend, bedeutsam
situer – einordnen
sommaire – kurz, oberflächlich
soulever – aufwerfen
souplesse f – Gewandtheit
soutenir – verfechten, vertreten
spécieux, se – Schein...
subtil, e – scharfsinnig
succéder – aufeinander folgen
suffixe m – Nachsilbe
suggestif, ve – Phantasie anregend, anschaulich
sujet m – Thema
superficiel, le – oberflächlich
supposer – vermuten; voraussetzen
synedoque f – Pars pro toto

tableau m – Beschreibung, Schilderung
terme m – Begriff
touchant, e – rührend
tout, e fait, e – gängig, abgedroschen
trait m – Zug, Merkmal
traiter – behandeln, handeln von
travaillé, e – gefeilt
travers m – Verdrehtheit

valable – stichhaltig, triftig
vérifier – nachprüfen
versification f – Verskunst, Metrik
vicieux, se – fehlerhaft
voilé, e – verhüllt

INDEX allemand – français

(Die Zahl vor dem Komma verweist auf die Seite, die Zahl hinter dem Komma auf die Zeile. – Dieser Index enthält nur die wichtigsten Stellenangaben.)

Abenteuer – aventure f 56, 29; ~roman – roman (m) d'aventure 17, 26
abfassen → ausdrücken
abgedroschen – rebattu, e 39, 29; – tout, e fait, e 39, 11 – 49, 25; → banal
abgeleitetes Wort – mot (m) dérivé 48, 18
abgenutzt – usé, e 53, 17 – 53, 26; → abgedroschen
abgerundet – arrondi, e 50, 30
Abhandlung – traité m *18, 19;* → Aufsatz
sich abheben – faire contraste 28, 4
Ablauf der Handlung – déroulement (m) de l'action 23, 3 – 29, 8; → Verlauf
ablaufen → sich abspielen
ablehnen → mißbilligen
Absatz → Abschnitt
Abschnitt – paragraphe m 19, 24 – *24, 15* – 48, 13; → Teil; – étape f 37, 17; → Phase
abschweifen – s'écarter 39, 25; vom Text ~ – s'éloigner du texte 7, 11
Abschweifung → Exkurs
Absicht – intention f 10, 20; → Motiv
sich abspielen – se dérouler 29, 4 – 30, 4 – 31, 22; → geschehen
abstrakt – abstrait, e 24, 14 – 42, 3 47, 16 – 48, 24 – 54, 6; – inanimé, e 54, 6
abstufen – nuancer *28, 14*
absurd – absurde 38, 25 – 39, 12 – 41, 18

abtreten (von der Bühne) – sortir 34, 26
abwertend → pejorativ
Achtsilber – octosyllabe m *45, 25*
Adjektiv – adjectif m 48, 33; attributives ~ – épithète f *48, 32* – 49, 11 – 50, 9 – 51, 14
ähnlich → analog
Ähnlichkeit – ressemblance f 7, 30 – 8, 18; – analogie f 8, 19 – 38, 19
Akt – acte m *21, 28* – 22, 8 – 22, 23 – 31, 29
Akzent – accent m 38, 12
Alexandriner – alexandrin m 44, 19 – *45, 15* – 46, 5
Allegorie – allégorie f *53, 31*
allegorisch – allégorique *53, 37*
allgemein – général, e 9, 19 – 25, 14 – 28, 31 – 30, 19 – 38, 2; ~e Feststellungen – généralités f 18, 7
Altertum – antiquité f *55, 21* – 58, 25
anakreontisch – anacréontique 14, 11
analog – analogue 38, 35
Analogie → Ähnlichkeit
Analyse – analyse f 7, 8 – 7, 17 – 41, 34; → Untersuchung
analysieren – analyser 7, 23 – 15, 6 – 19, 4 – 50, 14; – faire une analyse 7, 18; → klären → untersuchen
Anapher – anaphore f 50, 3
ändern – modifier 28, 32 – 32, 11
Andeutung → Angabe → Anspielung
Anekdote – anecdote f *16, 36*
Anfang – début m 16, 31 – 22, 5

anfangen – commencer 25, 4 – 44, 10; – s'ouvrir 21, 16 – 22, 6
Anfangsstrophe – strophe (f) du début 44, 7
anfechtbar – contestable 39, 12; – discutable 39, 12; – fragile 42, 31
anführen – rapporter 18, 32 – 39, 27; – apporter 40, 24; – donner 39, 4 – 41, 21 – 42, 2; → zitieren → beibringen → darlegen
Angabe – indication f 7, 7 – 21, 6; → Szenenangaben
angeben → bezeichnen
Anhang – appendice m 21, 23
Anliegen des Verfassers → Gegenstand → Absicht
Anmerkung – note f 21, 25; → Bemerkung
Annahme – hypothèse f 40, 36 – 43, 5
anonym – anonyme 10, 36
Anordnung – disposition f 46, 27; – combinaison f 46, 24
anprangern – dénoncer 15, 25 – 37, 20
Anrede – apostrophe f 54, 10
anschaulich – pittoresque 25, 12 – 26, 23 – 27, 32 – 28, 22 – 48, 20 – 49, 1; – évocateur, trice 25, 14 – 25, 29; – coloré, e 47, 15; – imagé, e 49, 2 – 49, 24; → farbig → konkret → Phantasie anregend
Anschaulichkeit – pittoresque m 27, 28 – 28, 16
Anschauung → Meinung
Ansicht → Meinung → Gedanke → Denken
anspielen – faire allusion à 52, 8; – sous-entendre 52, 18
Anspielung – allusion f 52,7; – sous-entendu m 52, 15
antik – ancien, ne 10, 38; – antique 30, 15 – 55, 25
Antithese – antithèse f 45, 2 – 50, 33

antithetisch – antithétique 49, 32 – 51, 7
Antwort – réponse f 40, 9; → Erwiderung
anzüglich – piquant, e 17, 3 – 29, 36
Apostrophe → Anrede
Archaismus – archaïsme m 49, 4
Argument – argument m 18, 8 – 41, 1; → Grund
l'art pour l'art 57, 11
Aspekt – aspect m 35, 10
Assonanz – assonance f 46, 32
ästhetisch – esthétique 18, 26 – 40, 16
Atmosphäre → Stimmung
Aufbau – composition f 18, 23 – 19, 3; – construction f 50, 14; → Struktur → Gliederung
aufbauen – construire 16, 13 – 22, 25 – 29, 32 – 50, 8; – combiner 29, 35 – 45, 30
auffallen – frapper 19, 33 – 27, 30 – 28, 3; – sauter aux yeux 28, 3
auffallend – marqué, e 28, 6 – 46, 7
auffällig – frappant, e 20, 10 – 28, 7 – 53, 7 – 53, 16
Auffassung → Meinung → Vorstellung
aufführen – jouer une pièce 15, 8; – donner une pièce 15, 8
Aufführung – représentation f 15, 13
Aufklärung → Rationalismus → Jahrhundert der Aufklärung
aufregend – dramatique 16, 30 – 22, 10 – 31, 2 – 31, 23; – bouleversant, e 29, 36; → erregend → spannend
Aufsatz – dissertation f 18, 3 – 23, 27 – 38, 5 – 38, 11; → Essay
auftreten – entrer en scène 34, 26
Auftritt – scène f 15, 34 – 21, 17 – 21, 30 – 22, 1 – 30, 33

aufwerfen – soulever 40, 2; – poser 40, 2
aufzählen – énumérer *51, 17;* – faire une énumération 51, 14
Aufzählung – énumération f *51,13*
Aufzug → Akt
Augenblick – moment m *31, 34*
ausdenken → entwerfen
sich ausdenken – créer 48, 9; → ersinnen
Ausdruck – expression f 13,6 – 47, 25 – *49, 12;* → Formulierung → Stil; bildlicher ⁓ → Metapher → Bild
ausdrücken – exprimer 13, 27 – 27, 8 – 36, 16 – 37, 26 – 39, 4; – dire 24, 19 – 39, 4; – formuler 39, 4 – 41, 2; – faire connaître 18, 15; – faire entendre 52, 23; → wiedergeben → darlegen → bezeichnen
ausdrucksvoll – expressif, ve 44, 33 – 47, 14 – 49, 2 – 50, 6
ausführen → entwickeln
ausführlich – détaillé, e 7, 28 – 9, 19 – 16, 25 – 25, 13; – circonstancié, e 16, 25; → genau → eingehend; (Adverb:) – abondamment 42, 22; – largement 42, 22; – copieusement 42, 22
Ausführung – exécution f 10, 10
Ausgabe – édition f 20, 22; vollständige ⁓ → Gesamtwerk
Ausgang der Handlung → Ende
Ausgangspunkt – point (m) de départ 37, 5 – 37, 17
ausgedacht – imaginaire 16, 20; → erdacht
ausgehen von – partir de 18, 7
ausgewogen – équilibré, e 19, 6 – 50, 29; – proportionné, e 50, 21; – harmonieux, se 50, 29
Ausgewogenheit – équilibre m 50, 28; – harmonie f 47, 11
ausmalen → schildern

Ausruf – exclamation f *54, 15;* ⁓esatz – phrase (f) exclamative 50, 23
Aussage → Sinn → Gehalt
ausschlaggebend – décisif, ve 31, 36 – 41, 17 – 41, 26
das Äußere – physique m 25, 17 – 26, 18
äußerlich – extérieur, e 29, 19; – physique 25, 6 – 26, 14 – 57, 5; – spectaculaire 29, 20
äußern – avancer 39, 4 – 40, 25; – livrer 26, 16 – 27, 22; → ausdrücken
Ausspruch → Sentenz
Ausstattung – décors m pl 21, 32
Auswahl – choix m 8, 22 – 48, 39
auswählen – choisir 28, 20 – 39,22
ausweiten – amplifier 53, 12
Auszug → Textstelle
autobiographisch – autobiographique 17, 28
Autor → Verfasser; ⁓en des klassischen Altertums – les anciens m pl 55, 23 – 58, 22; ⁓en der Neuzeit – les modernes m pl 55, 24

Ballade – ballade f *14, 28*
banal – banal, e 32, 29 – 38, 25 – 49, 2 – 49, 25 – 53, 26; – plat, e 47, 18 – 53, 8; → abgedroschen
Bearbeitung – remaniement m 10, 13; – adaptation f 17, 32
bedeuten – signifier 48, 7 – 49, 13; – vouloir dire 48, 6 – 49, 13; → bezeichnen
bedeutsam – significatif, ve 20, 9 – 27, 23; → charakteristisch
Bedeutung – signification f 48, 2; → Sinn; – valeur f 48, 37; – importance f 13, 12 – 20, 11; → Tragweite
bedeutungslos – insignifiant, e 20, 12 – 31, 25

Bedingung – condition f *42, 36*
beeinflußt werden – subir l'influence 56, 25
beenden → vollenden
sich befassen mit – s'occuper de 20, 5
Begabung → Talent → Genie
beginnen → anfangen
Begriff – terme m 14, 31 – 25,20 – *48, 23*; abstrakter ∼ – abstraction f 53, 32
Begriffsbestimmung → Definition
begründen – appuyer de raisons 37, 7 – 41, 23; – appuyer de bons arguments 41, 5; → beweisen
begründet – motivé, e 9,18 – 39,11; – fondé, e 9, 18 – 39, 11 – 41, 37
behandeln – traiter 13, 23 – 18, 22 – 39, 22; → eingehen auf; erschöpfend ∼ – épuiser 39, 22
behaupten → äußern
Behauptung – affirmation f 40, 34 – 41, 5; → These
beibringen – fournir 40, 24; → anführen
Beispiel – exemple m 37, 5 – *42, 1*
bekämpfen – combattre 40, 21 – 41, 4; – attaquer 9, 15 – 39, 7
bekräftigen – renforcer 41, 3; → betonen
belehren – instruire 10, 26 – 11, 12
belehrend → lehrreich → lehrhaft
belustigen – faire rire 17, 1; → unterhalten
Bemerkung – remarque f 7, 34; – observation f 7, 35
beobachten – observer 11, 14 – 27, 32 – 28, 11
Beobachtung – observation f 26, 24 – 28, 17
Bericht – récit m 16, 13 – *16, 18* – 52, 28
berichten → anführen

Berufung – vocation f *11*, 27
beruhen auf – reposer sur 16, 5 – 29, 24 – 43, 5
berühren – toucher 39, 22
Beschleunigung des Handlungsverlaufs – accélération (f) de l'action 29, 9
Beschönigung → Euphemismus
beschreiben – décrire *25, 16* – 26, 18 – 28, 19; – donner une description 25, 5 – 30, 4; → schildern → wiedergeben; anschaulich ∼ – mettre sous nos yeux 30, 10; in groben Zügen ∼ – brosser 26, 5 – 30, 18
beschreibend – descriptif, ve 24, 14 – 48, 37
Beschreibung – description f 12, 17 – 19, 32 – *25, 3* – 28, 21; → Schilderung → Personenbeschreibung
beschwören → wiedergeben
besingen – chanter 11, 6
Besonderheit → Einzelheit
besprechen – interpretieren → erläutern
Bestandteil – élément m 25, 28
bestehen aus → umfassen → sich gliedern
betiteln – intituler 20, 21
betonen – insister sur 20, 1 – 38, 12 – 48, 11; – appuyer sur 48, 11; – souligner 48, 11; – accentuer 46, 34 – 48, 12; – mettre l'accent sur 38, 12; → bekräftigen
Betonung → Akzent
beurteilen → würdigen
Beurteilung → Würdigung
Beweggrund → Motiv
Bewegtheit – mouvement m 22, 10 – 29, 6
Beweis – preuve f 37, 7 – *40, 23*
beweisen – prouver 37, 4 – *40, 32*; – démontrer 41, 6 – 41, 22

Beweisführung – argumentation f 24, 5 – 37, 15; → Gedankengang
bezeichnen – indiquer 20, 31 – 27, 25 – 33, 8 – 53, 13; – désigner 48, 7 – 49, 13; – qualifier 48, 33
bezeichnend → charakteristisch
Beziehung – rapport m 8, 18 – 29, 11; in ~ setzen – faire le rapprochement 8, 15
Bild – image f 53, 10; → Schilderung → Vorstellung; – tableau m 22, 13
bildlich → anschaulich → übertragen; ~er Ausdruck → Metapher → Bild
Bildungsroman – roman (m) d'éducation morale 17, 28
billigen → zustimmen
Biographie; Auto~ – autobiographie 17, 36; → Memoiren
Blankvers – vers (m) blanc 45, 12
Blütezeit → Höhepunkt
Botenbericht – récit m 23, 1
Breite – ampleur f 45, 20
Brief – lettre f 17, 29; literarischer ~ – épître f 21, 2
Briefroman – roman (m) par lettres 17, 29
Buch – livre m 20, 15 – 21, 13
Buchstabe – lettre f 47, 33
Bühne – scène f 15, 19 – 23, 4
Bühnen/anweisungen – indications (f) scéniques 21, 31; ~bild → Ausstattung
Bündigkeit → Genauigkeit

Charakter – caractère m 25, 24 – 26, 21 – 27, 25 – 28, 4 – 35, 1; – nature f 15, 27
Charakteristik → Personenbeschreibung
charakterisieren → kennzeichnen
charakteristisch – caractéristique 20, 9 – 26, 16 – 27, 26 – 49, 1; → bedeutsam

Charakter/komik – comique (m) de caractère 15, 30; ~komödie – comédie (f) de caractère 15,31; ~zug – trait (m) de caractère 35, 6
Chiasmus – chiasme m 50, 3
chronologisch – chronologique 16, 21
Colon – membre (m) rythmique 50, 11

darlegen – exposer 18, 6 – 19, 9 – 21, 5 – 38, 9 – 41, 2; → ausdrükken → anführen → entwickeln
Darlegung – exposé m 18, 13 – 38, 17
darstellen – représenter 23, 3 – 54, 6; – présenter 7, 10 – 18, 15 – 34, 14 – 41, 2; → schildern; – interpréter (als Schauspieler) 34, 25; – incarner 34, 25; breiter ~ – amplifier 53, 12
Darsteller – peintre m 11, 32; → Schauspieler
Darstellung → Schilderung
deduktiv – déductif, ve 37, 14
definieren – définir 42, 27 – 48, 9; – donner la définition 42, 24
Definition – définition f 37, 6 – 42, 23
Dekorationen → Ausstattung
Denken – pensée f 37, 25 – 47, 24 – 48, 25
deus ex machina – coup (m) de théâtre 32, 8
deuten – éclairer 7, 35; → interpretieren → klären
Deutlichkeit → Klarheit
Deutung → Interpretation
dialektisch – dialectique 37, 22
Dialog – dialogue m 22, 9 – 23, 5; → Stichomythie
dichten → verfassen → schreiben

Dichter – poète m *11, 4* – 13,6 – 13, 26 – 45, 6; → Verfasser; ~kreis (~gruppe) – groupe (m) de poètes 57, 10
dichterisch – poétique 12, 3 – 20, 11 – 47, 16 – 47, 26 – 53, 16; ~e Welt – univers (m) poétique 10, 8 – 57, 24
Dichtkunst → Poetik
Dichtung – poésie f *13, 3* – 36, 3 – 56, 25
didaktisch → lehrhaft
direkte Rede – discours (m) direct 18, 32
Diskussion – discussion f 40, 12
Distichon – distique m *44, 17*
doppeldeutig – à double sens 48, 21
Drama → Theaterstück → Schauspiel
dramatisch – plein, e de mouvement dramatique 22, 10; → aufregend → spannend
drastisch → schlagend
Dreiakter – pièce (f) en trois actes 22, 14
Dreizeiler – tercet m 14, 5 – *44, 12* – 46, 27
Durcheinander → Verwirrung

Ebene – plan m 31, 13
Einakter – pièce (f) en un acte 21, 29
Einbildungskraft → Phantasie
Eindruck – impression f 26, 6
Einfall – éclair (m) de génie 11, 26; – trait (m) de génie 11, 26; → Gedanke
Einfluß – influence f 56, 25 – *58, 3*
einfügen – placer 34, 13; → einordnen
eingehen auf – aborder 18, 22 – 39, 22; → behandeln

eingehend – minutieux, se 7, 12 – 25, 13 – 28, 17 – 57, 4; – approfondi, e 7, 12; → genau → ausführlich
Einheit – unité f 15, 22; ~ der Handlung – unité (f) de l'action 15, 22; ~ des Ortes – unité (f) de lieu 15, 23; ~ der Zeit – unité (f) de temps 15, 23
Einleitung – introduction f 18, 9 – 23, 26
einordnen – situer 22, 2 – 48, 16 – 55, 4; → einfügen
Einseitigkeit – étroitesse f 37, 32
einsilbiges Wort – monosyllabe m 45, 10
Einstellung → Standpunkt
Einsträngigkeit der Handlung – simplicité f 29, 14
eintönig – monotone 47, 17 – 51, 23
Eintönigkeit – monotonie f 44, 34 – 45, 20
Einwand – objection f *41, 28*
Einzelheit – détail m 12,17 – 19,15 – *19, 27* – 25, 19 – 26, 7 – 57, 5; – particularité f 19, 30 – 20, 1; → Zug → Bestandteil; in allen ~en → ausführlich
elegant → gewandt
Elegie – élégie f *14, 12*
elegisch – élégiaque 11, 8 – 13, 15 – 13, 33
Ende – fin f 21, 24 – 22, 5 – 32, 25; ~ der Handlung – dénouement m 15, 7 – 29, 26 – *32, 14* – 33, 19
enden – finir 55, 9; – se terminer 14, 35 – 15, 20 – 21, 17 – 22, 6; – se dénouer (Handlung) 29, 24 – 32, 10; – s'achever 32, 15; ~ mit – aboutir à 17, 10 – 29, 7 – 32, 15
Endung – terminaison f 48, 1
Enjambement – enjambement m *46, 12;* – rejet m 44, 6 – *46, 8*

enthalten – renfermer 36, 10 – 45, 34; – recouvrir 36, 7; – offrir 20, 2 – 28, 1 – 45, 2; → umfassen
entlarven – démasquer 15, 25
entlehnen – emprunter 38, 20 – 42,5 – 42,12 – 48,14; – puiser 10,9
entscheidend → ausschlaggebend
Entscheidung – résolution f 22, 27; ∼smonolog – monologue (m) délibératif 22, 26
Entstehung – formation f 56, 14
entwerfen – concevoir 19, 9 – 19, 13; – esquisser 26, 9
entwickeln – développer 38, 9 – 41, 3 – 41, 21; → darlegen
Entwicklung – évolution f 34, 15; → Verlauf
Epigramm – épigramme f *14, 33*
Epik – poésie (f) épique 13, 16
episch – épique 13, 34 – 16, 23
Episode – épisode m 16, 31 – 29, 11 – *31, 17*
Epitheton → Adjektiv
Epoche – époque f 55, 6 – *55, 10* – 58,5; ∼ machen – faire époque 55, 16
Epos – épopée f *17, 37* – 44, 23
erdacht – fictif, ve 34, 27; → ausgedacht
erdichtet → erdacht
sich ereignen → stattfinden
Ereignis – événement m 16, 19 – 31, 7 – 36, 27; → Tatsache
sich ergeben aus – résulter de 28, 17 – 36, 22
ergreifend – saisissant, e 25, 27 – 47, 15 – 51, 5; → erregend
erhaben – haut, e 38, 24
Erhabenheit – majesté f 45, 20
erklären → klären → interpretieren
erläutern – commenter *8, 2*
Erläuterung – commentaire m 7, 32

erleben – assister à 22, 8 – 32, 25 – 34, 22
ernsthaft – sérieux, se 9,17 – 15,36
erörtern – débattre 40, 3; – discuter 36, 4 – 40, 3; → eingehen auf
Erörterung → Diskussion
erregend – émouvant, e 22, 33 – 29, 22 – 31, 32; → ergreifend → aufregend
erschütternd → erregend
ersinnen – inventer 10, 8
Erstaufführung → Uraufführung
Erwägung – considération f *38, 1*
Erweiterung → Zusatz
Erwiderung – réplique f 23, 8 – *23, 16* – 41, 37; → Antwort
erzählen – raconter 16, 27 – 17, 8; – narrer 16, 27
erzählend – narratif, ve 16, 23 – 24, 14
Erzähler – narrateur m 11, 32
Erzählung – conte m *17,16* – 36,23; → Bericht → Geschichte; – nouvelle f 17, 22
Erziehungsroman → Bildungsroman
Essay – essai m *18, 21*
Etymologie – étymologie f 48, 2
Euphemismus – euphémisme m *52, 3*
Exkurs – digression f 18,12 – *51,10;* → Klammer
Exposition – exposition f 15, 6 – *30, 26*

Fabel – fable f 11, 11 – *17, 5* – 36, 15; – apologue m 17, 8; → Thema → Stoff
Fachausdruck – terme (m) technique 48, 28
farbig – nuancé, e 25, 29; → anschaulich
Farce → Schwank
feierlich → pathetisch

festhalten – noter 12, 17 – 19, 28
feststellen – constater 38, 33 – 46, 22 – 50, 5
Feststellung → Bemerkung
fiktiv → ausgedacht
Flickwort → Füllwort
Folge – conséquence f 42, 38
folgerichtig – concluant, e 37, 12; → logisch
folgern – conclure 41, 8 – 43, 9
Folgerung – conclusion f 43, 3; → Folge
folkloristisch → volkstümlich
Form – forme f 14,4 – 14,6 – 15,36 – 36, 3 – 45, 3
formal – formel, le 56, 10
formulieren → ausdrücken
Formulierung – formule f 49, 31 – 52,31; – tournure f 49,5 – 49,27; → Ausdruck
Fortgang der Handlung → Ablauf → Fortschreiten
fortschreiten – progresser 29, 5; – avancer 29, 5
Fortschreiten – progression f 21, 33 – 29, 8; – progrès m 29, 8
Frage – question f 39, 5 – 40, 1; → Problem; ⌒satz – phrase (f) interrogative 50, 24
freie Rhythmen – vers (m) libres 45, 26
Fremdwort – mot (m) étranger 48, 22
Fülle – complexité f 38, 11; → Vielfältigkeit
Füllwort – cheville f 49, 8
Fußnote → Anmerkung

Gang der Handlung → Ablauf
das Ganze – ensemble m 19, 14 – 19, 18 – 25, 10
Gattung – genre m 13, 5 – 16, 11
gebräuchlich → geläufig
Gedanke – idée f 38, 6 – 42, 3 – 49, 16

gedankenarm – creux, se 37, 14
Gedanken/gang – raisonnement m 18,11 – 37, 3 – 43, 4; ⌒lyrik – poésie (f) didactique 13, 16
gedanklich → abstrakt
Gedicht – poème m 11, 5 – 13, 22 – 14, 4 – 44, 4; kurzes ⌒ poésie f 14, 1 – 14, 25
gefallen – plaire 10, 25 – 15, 25
gefeilt – travaillé, e 45, 14 – 47, 16
geflügeltes Wort → Sentenz
Gefühl – sentiment m 13,7 – 26,20 – 27, 8 – 56, 22
Gegenbeweis – preuve (f) du contraire 40, 28
Gegensatz – opposition f 38, 33; → Gegenteil → Kontrast → Antithese
Gegenstand – idée (f) générale 7, 7 – 39, 30; → Thema → Stoff
Gegenteil – contraire m 52, 22
Gegenthese – thèse (f) adverse 40, 22
gegenüberstellen – opposer 41, 13 – 41, 29 – 50, 34; – confronter 8, 34
Gegenüberstellung – confrontation f 8, 31
Gegner – adversaire m 39, 9 – 41, 22 – 41, 24
Gehalt – fond m 15, 35 – 36, 2 – 40, 6; – plan (m) philosophique 36, 25; → Sinn
es geht um → es handelt sich um
geistlos → banal
geistreich – spirituel, le 23, 14 – 32, 29 – 52, 12; – fin, e 52, 28; → anzüglich
gekünstelt → gesucht
gekürzt – abrégé, e 24, 13 – 42, 18
geläufig – courant, e 48,19 – 49,18 – 49, 25
Gemeinplatz – lieu (m) commun 38, 26

genau − exact, e 25, 13 − 37, 22 − 42, 17; − précis, e 8, 1 − 25, 9 − 26, 24 − 37, 27 − 49, 17; − net, te 38, 8 − 38, 23 − 49, 22 − fidèle 26, 24; → eingehend → wortgetreu → treffend

Genauigkeit − exactitude f 25, 8; − précision f 47, 10 − 48, 25; − propriété f 48, 24; → Richtigkeit

Genie − génie m 11, 20

gereimt − rimé, e 45, 12

Gesamtwerk − œuvres (f) complètes 10, 27

geschehen − se passer 22, 7 − 22, 20 − 29, 4 − 30, 21; → stattfinden → sich abspielen

Geschichte − histoire f 42, 5; → Bericht → Erzählung

geschickt → kunstvoll → gewandt

Gesellschaftskomödie − comédie (f) de mœurs 15, 31

Gesellschaftskritiker → Moralist

Gesichtsausdruck − physionomie f 27, 26 − 34, 12

Gesichtspunkt − point m 18, 31 − 24, 4 − 37, 19

gespannt sein − attendre avec impatience 32, 19

Gespenstergeschichte − conte (m) fantastique 17, 21

Gesprächspartner − interlocuteur m 23, 6

Gestalt → Form

gesucht − recherché, e 49, 22 − 52, 13 − 53, 8; − affecté, e 47, 17; − artificiel, le 23, 34 − 40, 30; − forcé, e 51, 5 − 52, 13 − 53, 8; → preziös

gewählt − noble 47, 16 − 49, 20; → gewandt

gewandt − élégant, e 45, 13 − 47, 14 − 49, 22 − 50, 29; − léger, ère 47, 14; − souple 46, 14 − 47, 16; − habile 23, 33

Gewandtheit − élégance f 47, 9; − légèreté f 47, 9; − aisance f 45, 1 − 47, 9; − souplesse f 44, 33 − 47, 9

gewichtig → schlagend

Gleichnis → Fabel

sich gliedern − se diviser 13, 24 − 19, 21 − 21, 13 − 21, 30

Gliederung − plan m 18, 9 − 18, 31 − 19, 8; → Aufbau

grammatisch − grammatical, e 7, 22 − 50, 14

Grund − raison f 37, 8 − *41, 20*; → Argument

Halbvers − hémistiche m 44, 30 − 45, 6 − 46, 2 − *46, 4*

handeln − agir 33, 11 − 35, 4; es handelt sich um − il s'agit de 21, 21 − 24, 12 − 24, 24

handeln von − parler de 21, 16 − 24, 19; → behandeln

Handlung − action f 15, 6 − 23, 12 − *29, 3* − 32, 2; verwickelte ⁓ − intrigue f *29, 23* − 32, 15

Handlungs/ort − lieu (m) de l'action 25, 10 − *30, 3*; − cadre (m) de l'action 25, 6 − *30, 7*; − scène f *30, 20*; ⁓situation − situation f 16, 21 − *31, 27* − 32, 10; ⁓umschwung − péripétie f 15, 7 − *32, 1*; → deus ex machina

Harmonie → Ausgewogenheit

häufen − accumuler 19, 28 − 27, 33 − 48, 34; − faire une accumulation 51, 20; − multiplier 31, 20 − 53, 21

Häufung − accumulation f 45, 10 − *51, 19*

Haupt/handlung − action (f) principale 29, 11 − 31, 18; − intrigue (f) principale 29, 34; ⁓person − personnage (m) central/principal 34, 7; − héros m 21, 18 − 25, 32 − 34, 7; ⁓sache − essen-

tiel m 8,7 – 37,30 – 38,14; ⁓teil – partie (f) principale 19, 19; – développement m 18, 9 – *23, 29*
heiter – gai, e 14, 23
Held → Hauptperson
Helden/epos – chanson (f) de geste 17, 38; ⁓gedicht → Epos
Herannahen – avènement m *58, 9*
herausarbeiten – dégager 19, 4 – 27, 25 – 55, 15; → herausstellen → klären
herausgeben – éditer 10, 27; – publier 10, 27 – 20, 21
herausstellen – faire ressortir 47, 9; – relever 9, 14 – 27, 25 – 50, 2 – 53, 13
heroisch – héroïque 14, 11
hervorheben – faire valoir 41, 3; → herausstellen → betonen
Hiat – hiatus m 44, 30
sich hineindenken – entrer dans 37, 29; – pénétrer dans 37, 29
sich hineinversetzen – se mettre à la place de 34, 21
Hinweise geben – donner des indications f 21, 5
historisch – historique 16, 23 – 16, 37 – 17, 25 – 34, 28
hochtrabend – déclamatoire 45,13; → schwülstig
höfisch – courtois, e 55, 28
Höhepunkt – point (m) culminant 29, 17; – apogée m *58, 13*; – comble m 15, 34
humoristisch – humoristique 17,20
Hymne – hymne m *14, 16*
Hyperbel – hyperbole f *52, 30*
Hypothese → Annahme

Ich-Form – première personne f 16, 22
idealisierend – idéal, e 38, 35
Idealisierung – idéalisation f 56,31
Idee → Gedanke → Einfall

Inhalt – contenu m 20, 20 – 21, 20 – 24, 11
Inhaltsangabe – compte rendu m 21, 19; → Zusammenfassung
inner(lich) – intérieur, e 22, 27 – 29, 20; – moral, e 26, 15 – 27, 33; → psychologisch
das Innere – moral m 25, 17 – 25, 26; → Gefühl
innerer Kampf – débat (m) intérieur 22, 26
innerer Monolog – monologue (m) intérieur 22, 34; → Entscheidungsmonolog
Inspiration – inspiration f *12, 6*
inspirieren – inspirer 11,25 – *12,10*
Inszenierung – mise (f) en scène 15, 10
interessant – intéressant, e 29, 21 – 37, 35 – 39, 28 – 40, 13; – curieux, se 16, 24 – 16, 37 – 20, 1 – 31, 25 – 40, 13
Interesse – intérêt m 10, 23 – 29, 26 – 31, 13 – 32, 19 – 32, 21; von ⁓ sein – présenter un intérêt 7, 10; → Spannung
interessieren – intéresser 17, 1
Interpretation – explication (f) de textes 7, *3* – 19, 31 – 24, 2
interpretieren – expliquer 7, *14* – 15, 6 – 24, 16 – 24, 31; – faire une explication 7, 4
Intrige → Handlung
Intrigenkomödie – comédie (f) d'intrigue 15, 32
Ironie – ironie f 49, 34 – *52, 21*
ironisch – ironique 49, 24 – 54, 20
irreführend → trügerisch

Jahrhundert der Aufklärung – siècle (m) des lumières *56, 16*; → Rationalismus

Kampf (innerer) – lutte f 22, 30 – 36, 6
Kanzelrede – sermon m *18, 35*

Kapitel – chapitre m 8, 7 – 20, 18 – *21, 12*
Katastrophe – catastrophe f 32, 30
kennzeichnen – caractériser 18, 23 – 34, 11
Klammer – parenthèse f *51, 9*
klar – clair, e 8,1–16,24–19,6–24,13 – 37, 12 – 38, 23 – 42, 25 – 47, 14 – 50, 20; – transparent, e 52, 12 – 52, 28 – 53, 35; – apparent, e 33, 14 – 36, 13; – facile à comprendre 50, 16; → genau
klären – mettre en lumière 8, 25 – 19, 4; → deuten
Klarheit – clarté f 30, 35 – 37, 31 – 38, 17 – 50, 16
Klassik – classicisme m *56, 8* – 56, 20
Klassiker – auteur (m) classique 10, 33 – 12, 1 – 58, 25
klassisch – classique 30, 15 – *56,11*
klingen – sonner 45, 1 – 46, 25
Klischee → Gemeinplatz
knapp – serré, e 37, 23; – en peu de mots 25, 19; → kurz und bündig
Knoten → Verwicklung
Kolon → Colon
Komik – comique m 15, 27 – 15, 29 – 16, 5
komisch – comique 15, 15 – 15, 36 – 16, 34 – 22, 11 – 31, 31 – 32, 28; → lustig
das Komische → Komik
Kommentar → Erläuterung
kommentieren – faire un commentaire 7, 33; → erläutern
Komödie → Lustspiel
kompliziert – compliqué, e 16, 33 – 19, 7 – 29, 35; → verwickelt; ~ werden – se compliquer 40, 9
Konflikt – conflit m 22, 26 – *33,15*
konkret – concret, ète 47, 15 – 48, 20; → anschaulich
Können → Kunst

Kontext – contexte m 24, 30 – 48, 15 – 50, 18
Kontrast – contraste m 27, *34*
konzipieren → entwerfen
Kostüm – costume m 34, 24
krass – grossier, ière 16, 5 – 57, 6
Kreuzreim – rimes (f) croisées 46, 21
Kriminalroman – roman (m) policier 17, 27
Kritik – critique f *9,11;* → Würdigung
Kritiker – critique m 9, 4
kritisch – critique 18, 26 – 31, 35
kritisieren – critiquer *9, 21* – 20, 23 – 37, 10; – faire la critique 9,13; – soumettre à la critique 9, 12; → bekämpfen
Kunst – art m *12, 12* – 29, 32 – 57, 3 – 57, 35; ~auffassung – doctrine f 56, 14 – 57, 2
kunstvoll – savant, e 19, 7 – 41, 9; → gewandt
kurz – court, e 15, 14 – 19, 26; – bref, brève 22, 12 – 49, 32; ~ und bündig – concis, e 31, 1 – 45, 3 – 49, 32; → knapp
Kürze – brièveté f 30, 35 – 44, 34; → Prägnanz
kürzen – faire des coupures 10, 13; → streichen
Kurzgeschichte → Bericht → Erzählung → Geschichte
Kürzung – coupure f 10, 14

das Lächerliche – ridicule m 15, 26
Lächerlichkeit – travers m 15, 26 – 26, 22; → das Lächerliche
Laisse – laisse f *44, 22*
lang – ample 50, 26 – 51, 16; interminable 51, 16; – long, ue 19, 26 – 22, 12 – 50, 30
Langatmigkeit → Breite
Länge – longueur f 17, 31 – 19, 23 – 44, 34

73

langweilig − ennuyeux, se 16, 25 − 21, 35 − 22, 34 − 51, 16
lebendig − vif, ve 23, 9; − animé, e 23, 14; − vivant, e 31, 2 − 35, 12 − 53, 12; − plein, e de vie 16, 24; → realistisch
Lebhaftigkeit − vivacité f 23, 11
Legende − légende f 17, 14
Lehre − leçon f 36, 21; − vérité f 17, 11; − précepte m 36, 19; → Moral
lehrhaft − didactique 13, 16
lehrreich − instructif, ve 17, 12 − 20, 25
Leidenschaft − passion f 25, 24 − 26, 21
leidenschaftlich → pathetisch
lesen − lire 24, 10
Leser − lecteur m 10, 23 − 21, 9 − 29, 13 − 32, 2 − 41, 25
Liebesroman − roman (m) sentimental 17, 28
Lied − chanson f 14, 20 − 44, 16; − chant m 14; 17; ∼strophe − couplet m 14, 22 − 44, 15; ∼text − paroles f pl 14, 21
Liquid − consonne (f) liquide 45, 10
literarisch − littéraire 9, 12 − 18, 4 − 40, 16
Literatur − littérature f 9, 16 − 55, 11; ∼geschichte − histoire(f) littéraire 55, 3; ∼kritik → Kritik
logisch − logique 19, 13 − 37, 12 − 37, 16 − 41, 17; → folgerichtig
Lokalkolorit − couleur (f) locale 28, 33
lösen − résoudre 40, 3
Lösung − solution f 33, 19 − 43, 12; → Ende
lustig − amusant, e 16, 1 − 16, 23 − 17, 3 − 22, 11 − 36, 7; − plaisant, e 31, 24; → komisch

Lustspiel − comédie f 15, 24 − 32, 12; ∼dichter − auteur (m) comique 16, 7
lustspielhaft → komisch
Lyrik → Dichtung
lyrisch − lyrique 11, 8 − 13, 6 − 13, 33 − 22, 33; − plein, e de lyrisme 13, 24
das Lyrische − lyrisme m 13, 17 − 56, 26

Madrigal − madrigal m 14, 24
Manierismus → Schwulst
Mannigfaltigkeit → Vielfältigkeit
männlicher Reim − rime (f) masculine 46, 22
Märchen − conte m 17, 16 − 36, 23;
märchenhaft − merveilleux, se 16, 34 − 17, 21 − 56, 29
Maxime − maxime f 45, 3
Mehrsträngigkeit der Handlung − complexité f 29, 14
mehrdeutig → zweideutig
Meinung − opinion f 39, 1 − 41, 23; − conception f 38, 31 − 43, 6; → Denken; sich eine ∼ zu eigen machen − adopter une opinion 39, 7
Melancholie → Schwermut
Melodie − air m 14, 21
Memoiren − mémoires m pl 17, 33
Merkmal − caractère m 17, 2; → Zug
Metapher − métaphore f 13, 25 − 45, 2 − 53, 18
Metrik − versification f 12, 15
Metrum − mètre m 45, 7 − 45, 8
Milieu → Umwelt
Mimik − mimique f 26, 19
mißbilligen − désapprouver 38, 21
Mißverständnis − malentendu m 29, 28 − 31, 30
mitreißen − entraîner 29, 13; − emporter 29, 13; mitreißend − plein, e de verve 22, 34

Mittelalter – moyen âge m 17, 38 – 44, 23 – 55, 27
mittelalterlich – médiéval, e 55,29
mittelmäßig – médiocre 10, 36 – 45, 13
Mittelpunkt – centre m 27, 17
Moment; verzögerndes ~ – élément (m) retardateur 29, 10
Monolog – monologue m 22, 22
monoton → eintönig
Moral – morale f 17, 9 – 36, 14; – moralité f 36, 14
Moralist – moraliste m 11, 13
Motiv – mobile m 33, 3; – motif m 33, 9
motiviert → begründet
Muse – Muse f 12, 11
Mythologie – mythologie f 42, 6
mythologisch – mythologique 34, 27 – 52, 9

nachahmen – imiter 58, 24; – se faire l'imitateur de 58, 22
Nachahmer – imitateur m 58, 19
Nachahmung – imitation f 55, 22
Nachsilbe – suffixe m 48, 1
Nachtrag – supplément m 21, 24; → Zusatz
Nationalhymne – hymne (m) national 14, 19
Naturalismus – naturalisme m 57, 1
naturalistisch – naturaliste 11, 3 – 17, 25 – 57, 7
Natürlichkeit – naturel m 47, 10
Neben ... – secondaire
nebensächlich → unwichtig
Nebensatz – proposition (f) subordonnée 50, 23
Neuerer – novateur m 58, 20
nichtssagend → banal → bedeutungslos
Niedergang – déclin m 58, 15
Novelle – conte m 17, 16; – nouvelle f 17, 22

Nuance – nuance f 28, 9 – 47, 23
nuancieren → abstufen
nüchtern – sec, sèche 25, 14

oberflächlich – superficiel,le 9, 19 – 37, 14; → summarisch
objektiv → sachlich
Ode – ode f 14, 7
Oper – opéra m 15, 4
Opus → Werk
ordnen – mettre de l'ordre dans 38, 16
Ort der Handlung → Handlungsort

Paarreime – rimes (f) suivies 46,20
Paraphrase – paraphrase f 8, 4
Parenthese → Klammer
Parnaß – Parnasse m 57, 9
pars pro toto → Synekdoche
pathetisch – pathétique 16, 14 – 18, 34 – 22, 33 – 54, 20; → rhetorisch
Pause – pause f 50, 13
pejorativ – péjoratif, ve 48, 2
Periode – période f 55, 7; → Satzgefüge
Peripetie → Handlungsumschwung
Periphrase → Umschreibung
Person (in einer Dichtung) – personnage m 15,19 – 26, 15 – 26, 17 – 26, 22 – 27, 24 – 30, 12 – 30, 22 – 34, 2
Personen/beschreibung – portrait m 26, 11; ~verzeichnis – liste (f) des personnages 34, 6
Personifikation – personnification f 54, 1
personifizieren – personnifier 54, 5
persönlich – personnel, le 9, 24 – 13, 7 – 39, 11; → subjektiv

75

Phantasie – imagination f 10, 8 – 10, 22 – *11, 34*; Welt der ∼ – monde (m) de rêve 10, 22; ∼ anregend – suggestif, ve 25, 29 – 26, 5 – 49, 2; → anschaulich
phantastisch – romanesque 12,2 – *56, 28*; – fantastique 17, 21
Phase – phase f 29, 16 – 34, 15
Philosophie – philosophie f 38, 30
philosophisch – philosophique 18, 5 – 18, 26 – 36, 10 – 40, 15 – 48, 28
Phrase → Gemeinplatz
plastisch → farbig
Plejade – Pléiade f *55, 33*
Pleonasmus – pléonasme m *51, 26*
Poesie → Dichtung
Poetik – art (m) poétique 12, 20
poetisch → dichterisch; – plein, e de poésie 25, 7
Pointe – trait (m) d'esprit 14, 36; – pointe f 14, 35;
Posse → Schwank
possenhaft – bouffon, ne 16, 14
Prägnanz – concision f 47, 10; → Kürze
Predigt → Kanzelrede
preisen → verherrlichen
Preislied – chant (m) à la louange 14, 17
Premiere → Uraufführung
preziös – précieux, se 52,2 – *56,6;* → gesucht
Preziosität – préciosité f *56, 1*; → Unnatürlichkeit
Problem – problème m 38, 3 – *40, 1*; → Frage
produktiv → schöpferisch
Prolog – prologue m *22, 15*
Prosa – prose f 10, 17 – 13, 4 – 16, 2 – 45, 9
psychologisch – psychologique 29, 20 – 34, 15; → innerlich
Publikum – public m 10, 21 – 15, 25 – 30, 34
Punkt → Gesichtspunkt

Quartett → Vierzeiler
Quelle – source f 8, 29 – 13, 10

Rationalismus – rationalisme m *56, 16* – 56, 21
Realismus – réalisme m 25, 7 – 27, 28 – 28, 21 – *56, 30*
realistisch – réaliste 17, 25 – 25, 12 – 25, 28 – *56, 36*; – tiré, e de la réalité 26, 23; – plein, e de réalisme 25, 7; – pris, e sur le vif 25, 12 – 26, 23
Rede – discours m *18, 29*; → direkte Rede
Refrain – refrain m 14, 22
regelmäßig – régulier, ière 14, 6 – 45, 21 – 45, 37
Regelmäßigkeit – régularité f 44, 33
Reihenfolge; zeitliche ∼ – ordre (m) chronologique 31, 9
Reim – rime f 13, 31 – 45, 29 – *46, 17*
reimen – rimer 45, 6 – *46, 29*
Reimpaar – rimes (f) suivies 46,20
Renaissance – Renaissance f *55,30*
Rezensent → Kritiker
rhetorisch – rhétorique 37, 23 – 53, 9; – oratoire 47, 17 – 50, 30
Rhythmus – rythme m 13, 30 – 44, 33 – 50, 28; – mouvement m 50, 11; → freie Rhythmen
Richtigkeit – justesse f 40, 34 – 41, 6; – bien-fondé m 41, 6
Ritter- und Räuberroman – roman (m) de cape et d'épée 17,27
Rolle – rôle m 29, 30 – 34, 9
Roman – roman m 13, 21 – *17, 24* – 56, 35
romanhaft → phantastisch
Romanschriftsteller – romancier m *11, 2* – 17, 30 – 56, 38
Romantik – romantisme m *56, 19* – 57, 30 – 58, 12 – 58, 18

romantisch – romantique 11, 9 – 13, 11 – 13, 19 – 13, 33 – 16, 9 – *56, 24*
rührend – touchant, e 22, 11 – 32,6

sachlich – objectif, ve 9, 18
Sachlichkeit → Genauigkeit
Sage → Legende
sämtliche Werke → Gesamtwerk
Sänger – chantre m 11, 7
satirisch – satirique 11, 8 – 14, 34 – 16, 1 – 17, 4; → ironisch → spöttisch
Satz/gefüge – phrase f 48, 27 – 49, 28 – *50, 7;* – période f *50, 25;* ⁓melodie – mélodie f 50, 11
Schäferdichtung – poésie (f) pastorale 13, 16
schaffen – créer 28, 25
scharfsinnig – subtil, e 7, 12 – 37, 13 – 41, 37 – 42, 31
Schauspiel; romantisches ⁓ – drame m *16, 8*
Schauspieler – acteur m 34, 24
Schauspieltruppe – troupe f 15, 8
Schelmenroman – roman (m) picaresque 17, 27
scherzhaft – badin, e 14, 23
schildern – peindre 11, 14 – *25, 31* – 26, 3 – 30, 18 – 49, 15; – faire la peinture 25, 24; – dessiner 26, 14 – 26, 25 – 30, 18; → beschreiben → wiedergeben
Schilderung – peinture f *25, 21;* – tableau m *25, 36* – 28, 1 – 28, 10 – 30, 12
schlagend – fort, e 40, 29 – 41, 26 – 41, 36; → überzeugend
schließen → folgern
Schluß – conclusion f 18, 9 – *24, 1* – 37, 9 – 37, 17; → Folgerung → Ende → Katastrophe
Schlüssel/roman – roman (m) à clefs 17, 29; ⁓wort – mot-clef m 48, 13

schlüssig → folgerichtig → logisch
Schönheit – beauté f 9, 14 – 53, 14; – grâce f 13, 30
schöpferisch – créateur, trice 12, 4; – fécond, e 12, 3
schreiben – écrire 10, 6 – 13, 26 – 15, 5 – 45, 18; → ausdrücken → verfassen
Schrift/sprache – langue (f) écrite 47, 27; ⁓steller – écrivain m *11, 1;* → Romanschriftsteller
Schrifttum → Literatur
Schule; literarische ⁓ – école (f) littéraire 10, 32 – 57, 15
Schwäche – défaut m 9, 14 – 47, 8
Schwank – farce f *16, 3*
schwerfällig – lourd, e 45, 20 – 47, 17; – boîteux, se 50, 22; ⁓ formulieren – alourdir 47, 4
Schwermut – mélancolie f 13, 10 – 26, 9 – 56, 26
schwermütig – mélancolique 14,13
schwerwiegend – grave 40, 15 – 41, 36
schwierig – difficile 24, 31 – 39, 28 – 40, 14; – délicat, e 40, 15; – épineux, se 40, 14
Schwulst – maniérisme m 47, 11
schwülstig – pompeux, se 45, 14; → rhetorisch → hochtrabend
Seelenleben – psychologie f 26, 20 – 30, 31 – 34, 14
seelisch → psychologisch
Seite – page f 20, 18; → Aspekt
Sentenz – sentence f 45, 3;
Silbe – syllabe f 44, 29 – 47, 33
Sinn – sens m 7,35 – *36, 8* – 42, 34 – 48, 2; → Gehalt → Bedeutung
Sinn/bild → Allegorie; ⁓gedicht → Epigramm
sinnlos → absurd
Situation → Handlungssituation
Situationskomik – comique (m) de situation 15, 29

Sonett – sonnet m *14, 2*
sophistisch → spitzfindig
spannend – captivant, e 29, 21 – 31, 35; → interessant → erregend
Spannung – curiosité f 10, 21 – 29, 12; → Interesse
spielen → geschehen → darstellen
spitzfindig – sophistique 41, 18
spöttisch – moqueur, se 52, 29
Sprache – langage m 48, 28 – 49, 18; – langue f 10, 19 – 47, 21; zur ⁓ bringen → aufwerfen
sprechen über → erörtern → handeln von
Sprichwort – proverbe m 45, 4
sprichwörtlich – proverbial, e 49, 35
Standpunkt – position f *39, 13*
Stanze – stance f *44, 20*
Statist → stumme Rolle
stattfinden – arriver 32, 23; – avoir lieu 32, 23
sich steigern – croître 27, 9 – 32, 21
Steigerung – gradation f 41, 9
Stellenangabe – référence f 42, 14
Stellungnahme – prise (f) de position 39, 14
Stellung nehmen – discuter 41, 3
stichhaltig → schlagend → triftig → logisch → folgerichtig
Stichomythie – stichomythie f 23, 21
Stil – style m 18, 24 – 47, 3 – 49, 19 – 53, 23; → Kunst; ⁓ analyse – analyse (f) du style 7, 18; ⁓figur – figure (f) de style *50, 1*; → Stilmittel
stilisiert – stylisé, e 25, 15
Stilist – styliste m 47, 6; – artiste (m) de style 47, 6
stilistisch – stylistique 7, 22

Stilmittel – procédé (m) de style 10, 18 – *50, 1*
Stimmung – atmosphère f *28, 24*; – état d'âme (beim Menschen) 26, 21
Stoff – matière f 10, 9 – 20, 20 – 20, 31; ⁓ sammeln – se documenter 10, 10; – amasser les matériaux 10, 10
stoffarm – chargé, e de peu de matière 29, 20
streichen – supprimer 10, 14
Strophe – strophe f 13, 24 – *44, 3* – 44, 32 – 46, 26; letzte ⁓ einer Ballade – envoi m 14, 31; → Liedstrophe
Struktur – agencement m 16, 30 – 29, 30; → Aufbau
stumme Rolle – personnage (m) muet 34, 28
subjektiv – subjectif, ve 9, 20; → persönlich
Substantiv – nom m 48, 33 – 48, 36
summarisch – sommaire 7, 13 – 8, 9 – 18, 17; → oberflächlich
Surrealismus – surréalisme m *57, 23*
surrealistisch – surréaliste 11, 9
Symbol – symbole m *53, 27*
symbolisch – symbolique 17, 21
Symbolismus – symbolisme m *57, 17* – 57, 21 – 58, 2
symbolistisch – symboliste 11, 9 – 13, 14 – *57, 22*
symmetrisch – symétrique 46, 6
Synekdoche – synecdoque f 50, 3
Synonym – synonyme m 48, 8
Szene → Auftritt; ⁓nangaben → Bühnenanweisungen

Talent – talent m *11, 31*
Tatsache – fait m 16, 37 – 30, 29
Tautologie – tautologie f *51, 31*
Teil – partie f 18, 31 – *19, 17* – 20. 33 – 31, 18

Tendenzroman – roman (m) à thèse 17, 29
terminus technicus → Fachausdruck
Terzett → Dreizeiler
Text – texte m 19, 10 – 19, 16 – 24, 8 – 24, 16 – 55, 4; → Liedtext; ~auszug – morceau m 7, 15 – 28, 20; ~deutung → Interpretation; ~stelle – passage m 24, 27 – 50, 2; ~zusammenhang → Kontext
Theater – théâtre m 17, 32; ~stück – pièce (f) de théâtre 7, 6 – 15, 3 – 31, 21 – 32, 18
Thema – sujet m 8, 22 – 14, 14 – 18, 4 – 20, 31 – 39, 19; – thème m 13, 8 – 22, 25 – 39, 19; → Gegenstand → Stoff
Theorie der Dichtung → Poetik
These – thèse f 40, 19 – 41, 7 – 41, 18
tief – profond, e 37, 36, 10 – 37, 13 – 38, 24
Tiefe – profondeur f 37, 32; → Gehalt
Tirade – tirade f 22, 35
Titel – titre m 20, 28 – 21, 15
tragisch – tragique 16, 14 – 22, 11 – 31, 26 – 31, 32 – 32, 26; – funeste 31, 15 – 32, 31; ~er Schluß der Handlung → Katastrophe
Tragödie – tragédie f 15, 4 – 15, 17 – 30, 15 – 32, 31; ~ndichter – auteur (m) tragique 10, 34
Tragweite – portée f 40, 10
Trauerspiel → Tragödie
Traumwelt – monde (m) de rêve 10, 22
traurig – triste 14, 13 – 31, 15
treffend – juste 9, 17 – 37, 12 – 48, 19 – 49, 1 – 49, 21 – 53, 7; → auffällig → genau

triftig – solide 37, 22 – 41, 16 – 41, 26; – valable 41, 16 – 41, 27; → folgerichtig → logisch → unwiderlegbar → überzeugend → unanfechtbar
trügerisch – trompeur, se 41, 18

Übereinstimmung → Beziehung → Ähnlichkeit
Übergangszeit – époque (f) de transition 55, 18
Überlegung → Erwägung
Überleitung – transition f 23, 30
überraschend – imprévu, e 32, 5 – 32, 28; – inattendu, e 29, 26 – 32, 5; ~e Wendung → deus ex machina → Handlungsumschwung
Übersicht → Zusammenfassung
Überschrift → Titel; ~ geben → betiteln
sich überstürzen – se précipiter 31, 12
übertragen – figuré, e 49, 23; ~e Bedeutung – sens (m) figuré 48, 2
übertreiben – exagérer 52, 35
Übertreibung – exagération f 14, 10 – 52, 30
übertrieben – outré, e 53, 26
überzeugen – convaincre 41, 10 – 41, 25
überzeugend – convaincant, e 40, 29 – 41, 17 – 41, 26; → schlagend → triftig
umarmender Reim – rimes (f) embrassées 46, 20
umfangreich → lang
umfassen – comporter 18, 11 – 24, 16 – 45, 35; – se composer de 19, 22 – 44, 4 – 44, 29; → sich gliedern; – être composé, e de 14, 5 – 19, 22; – être formé, e de 44, 14; – comprendre 7, 7 – 20, 17 – 44, 4 – 44, 16 – 55, 6; –

contenir 17, 31 – 20, 18 – 44, 5 – 52, 9; – occuper 19, 24; → enthalten
umgangssprachlich – familier, ière 48, 21 – 49, 25; – du style familier 49, 19; – vulgaire 47, 18 – 47, 25 – 49, 26; – argotique 49, 26
Umschreibung – périphrase f 51, 35; → Paraphrase
Umwelt – milieu m 30, 17 – 34, 13
unanfechtbar – incontestable 40, 30
unbedeutend → bedeutungslos
unbegründet – gratuit, e 40, 36; → willkürlich
unbestreitbar → unanfechtbar
ungekürzt – intégral, e 24, 13; → vollständig
ungeschickt → schwerfällig
unklar – confus, e 31, 33 – 38, 25 – 42, 26 – 47, 18; – vague 25, 15 – 25, 20 – 42, 26 – 48, 20 – 49, 2; – difficile à analyser 35, 13; – difficile à élucider 36, 12; → unverständlich → verschwommen
Unklarheiten aufklären – dissiper l'obscurité 50, 17
unlogisch – illogique 37, 13
Unnatürlichkeit – affectation f 47, 11; → Schwulst
unregelmäßig – irrégulier, ière 45, 12
Unrichtigkeit – fausseté f 41, 6
unterhalten – amuser 10, 25 – 11, 12 – 15, 25; – divertir 15, 12
unterhaltend – divertissant, e 16, 1 – 17, 20; → lustig
unterscheiden – distinguer 15, 29 – 19, 19 – 29, 16 – 29, 34 – 42, 33; – faire la distinction 42, 29
Unterscheidung – distinction f 42, 28
Unterschied – différence f 7, 30; → Unterscheidung; feiner ~ → Nuance

unterschiedlich – différent, e 19, 18 – 45, 8
untersuchen – étudier 7, 29 – 35, 6 – 40, 3 – 47, 7; – faire une étude 7, 28; – examiner 19, 35 – 29, 30 – 50, 14; → analysieren
Untersuchung – étude f 7, 27; → Analyse
unterteilen → einteilen
Untertitel – sous-titre m 20, 29
unverständlich – obscur, e 24, 14 – 38, 25 – 47, 18 – 48, 31 – 49, 23 – 52, 1; – difficile à comprendre 37, 31 – 52, 1; → unklar → verschwommen
Unverständlichkeit – obscurité f 50, 17
unwahrscheinlich – invraisemblable 16, 33 – 29, 35 – 35, 13
Unwahrscheinlichkeit – invraisemblance f 29, 15 – 29, 33 – 34, 18
unwiderlegbar – irréfutable 40, 30 – 41, 16 – 41, 36; → triftig
unzusammenhängend – décousu, e 37, 13 – 38, 18
Uraufführung – première représentation f 15, 10
Urheber – créateur m 58, 20; → Verfasser
Ursprung – origine f 31, 31 – 57, 29

veraltet – vieilli, e 48, 21 – 48, 31; ~es Wort → Archaismus
veränderlich – variable 48, 18
veranschaulichen – illustrer 17, 10 – 42, 2 – 42, 13
verbinden – enchaîner 31, 11 – 31, 20 – 38, 4
Verbindung → Anordnung
verdeutlichen → veranschaulichen → wiedergeben
vereinfachen – alléger 47, 4
verfassen – composer 10, 7 – 13, 26 – 16, 19 – 18, 4; – faire 10, 6 –

13, 26 – 17, 30 – 18, 14; – rédiger 10, 11; → schreiben
Verfasser – auteur m *10, 3* – 11, 5 – 42, 20 – 49, 19
Vergleich – comparaison f *8, 23* – (Stilmittel:) *53, 1*; – rapprochement m *8, 13*; → Gegenüberstellung
vergleichen – comparer *8, 27*; – faire la comparaison 8, 24 – 53, 2; – rapprocher *8, 20*; → gegenüberstellen
Verhalten – comportement m 26, 19
verherrlichen – célébrer 14, 9 – 17, 39
Verknüpfung – enchaînement m 38, 15
Verlauf – déroulement m 22, 5; ∼ der Handlung → Ablauf; zeitlicher ∼ → Reihenfolge
veröffentlichen → herausgeben
Vers – vers m 16, 2 – 44, 5 – 44, 27; ∼bau → Metrik
verschwommen – nuageux, se 38, 34 – 47, 18; – nébuleux, se 38, 35; → unklar
versetzen – transporter 10, 21; – ramener 25, 11; → hineinversetzen
Vers/fuß – pied m 44, 29; ∼gruppe – groupe (m) de vers 44, 18; ∼kunst → Metrik; ∼lehre → Poetik
vers libre → freie Rhythmen
Versmaß → Metrum
verständlich → klar
Verständlichkeit → Klarheit
Verständnis – compréhension f 30, 29
verstehen unter – entendre par 48, 4
vertonen – mettre en musique 13, 34

Verwechslung – méprise f 29, 24 – 29, 27; – quiproquo m 16, 6 – 29, 28; → Verwirrung
verwickelt – complexe 40, 14 – 50, 22; → kompliziert; ∼ werden – se compliquer 29, 6 – 29, 25; – se nouer 29, 24
Verwicklung – nœud m 15, 7 – *31, 4*
Verwirrung – confusion f 15, 34 – 29, 27; → Verwechslung
verworren → unklar
verzögerndes Moment – élément (m) retardateur 29, 10
Vielfältigkeit – richesse f 27, 21; – diversité f 50, 5; → Fülle
Vierzeiler – quatrain m 14, 5 – *44, 8*
Vokal – voyelle f 46, 34
Volkslied → Lied
volkstümlich – populaire 14, 23 – 16, 15; – folklorique 17, 15
vollenden – achever 10, 11 – 20, 21
Vollendung – perfection f 56, 10
vollständig – complet, ète 26, 24 – 44, 19; → ungekürzt
voraussetzen – supposer 23, 6
Voraussetzung → Bedingung
Vorbehalte anmelden → kritisieren
Vorbemerkung – avertissement m *21, 7*; – avant-propos m 21, 7
Vorfall → Tatsache
Vorgänger – devancier m *57, 32*
Vorgeschichte → Exposition
vorkommen – figurer 30, 22 – 34, 4
Vorlage – modèle m 58, 21
Vorläufer – précurseur m *58, 1*
vorromantisch – pré-romantique 56, 27
Vorsilbe – préfixe m 48, 1
sich vorstellen – se représenter 25, 10

Vorstellung – vision f 11, 35; – idée f 20, 8; → Meinung → Gedanke; ⁓skraft → Phantasie
Vorstudien treiben → Stoff sammeln
vorwegnehmen – prévenir 41, 32
Vorwort – préface f *21, 3*
Vorzug → Schönheit

Wahl → Auswahl
wahr – vrai, e 16,20 – 35,12 – 53,16
wahrscheinlich – probable 31, 14; – vraisemblable 32, 17
Wahrscheinlichkeit – vraisemblance f 29, 15
weiblicher Reim – rime (f) féminine 46, 23
Weltschmerz – mal (m) du siècle 13, 10
Wendung → Formulierung; überraschende ⁓ → deus ex machina
Werk – ouvrage m 9, 14 – 10, 12 – 38, 10; – œuvre f 9, 12 – 58, 11
Wesen → Charakter
wesentlich – essentiel, le 19, 26 – 24, 4 – 37, 19
das Wesentliche → Hauptsache
widerlegen – réfuter 37, 10 – 41, 4 – 41, 30
Widerlegung – réfutation f 41, 14
Widerspruch – contradiction f 37, 20 – 43, 6
Widmung – dédicace f *21, 1*; → Zueignung
wiedergeben – reproduire 57, 3; – rendre 28, 25 – 48, 6 – 49, 14; – traduire 13, 27 – 27, 8 – 49, 16 – 53, 3; – évoquer 28, 25; → darstellen → anführen → schildern
Wiederholung – répétition f 51, 22
willkürlich – arbitraire 53, 8; → unbegründet

Wirklichkeit – réel m 57, 5; – réalité f 28, 18 – 56, 31 – 57, 5
Wirkung – effet m 23, 18 – 28, 2
wirkungsvoll – efficace 45, 37
Wohlklang – sonorité f 44, 34; – musicalité f 47, 11
wohlklingend – sonore 45, 13 – 48, 19
Wort – mot m 8,11 – 42,24 – 42,34 – *47, 32*; → Begriff; sinnverwandtes ⁓ → Synonym; veraltetes ⁓ → Archaismus
Worte → Liedtext
Wortfamilie – famille (f) de mots 48, 17
wortgetreu – authentique 42, 17; – conforme au texte 42, 17
Wort/häufung → Häufung; ⁓komik – comique (m) de mots 15, 30
wörtlich – littéralement (Adverb) 42, 21
Wort/schatz – vocabulaire m 47,28 – 48,14; ⁓spiel – jeu (m) de mots 16, 5; ⁓wahl – choix (m) des mots 13, 12
würdigen – apprécier *9, 7* – 23, 11 – 25, 8 – 30, 35
Würdigung – appréciation f *9, 1*; → Kritik
Wurzel – racine f 48, 3

Zäsur – césure f 45, 16 – *46, 1*; – coupe f 45, 22 – *45, 33*; ⁓ machen – couper 45, 6 – 46, 2 – 50, 27; eine ⁓ haben – se couper 46, 5
Zehnsilber – décasyllabe m 44, 19 – *45, 23*
Zeichensetzung – ponctuation f 50, 13
sich zeigen – s'exprimer 27, 8; – se manifester 27, 8 – 52, 25
Zeile – ligne f 24, 18 – *24, 33*
Zeilensprung → Enjambement

Zeitungsartikel – article (m) de journal *18, 28*
Zitat – citation f *42, 9*
zitieren – citer 42, 2 – *42, 19*; – extraire 24, 9; → anführen
Zueignung – épître (f) dédicatoire 21, 2; → Widmung
Zufall – hasard m 29, 27 – 29, 30 – 31, 30
Zug – trait m 8, 30 – *27, 20* – 35, 6 – 51, 14 – 55, 15; → Merkmal; in groben Zügen – à larges traits 26, 25
zurückkommen auf – revenir à 39, 26
zurückweisen – rejeter 43, 13; → bekämpfen → widerlegen
zusammenfassen – résumer *8, 10* – 21, 20 – 24, 4 – 26, 16 – 37, 30; – donner un résumé 8, 7
Zusammenfassung – résumé m *8, 6*

Zusammenhang → Kontext; aus dem ∼ herausreißen – isoler du contexte 48, 15
Zusatz – addition f 10, 15; Zusätze machen – apporter des additions 10, 15
Zuschauer – spectateur m 29, 12 – 32, 24 – 34, 21
zustimmen – consentir 10, 14; – approuver 38, 21 – 39, 7
zweideutig – équivoque 49, 23; – ambigu, e 48, 21; – à double sens 48, 21
zweifelhaft → anfechtbar
Zweisträngigkeit der Handlung – duplicité f 29, 14
zweisträngig – double 29, 19
Zwiespalt → Konflikt
Zwischenakt – entracte m *22, 18*
Zwölfsilber → Alexandriner

Vom Autor dieses Buches:

Emploi des mots

Lernwörterbuch in Sachgruppen

Das Lernwörterbuch enthält einen Grund- und Aufbauwortschatz von ca. 4000 Wörtern der französischen Sprache (Français fondamental mit geringfügigen Adaptionen nach den Erfordernissen der Schule). Die einzelnen Sachgruppen sind in überschaubare Lerneinheiten von 15–20 Wörtern untergliedert. Zu jedem Wort wird die deutsche Bedeutung gegeben. Französische Beispielsätze, Redewendungen und Strukturen verdeutlichen die Anwendung in den richtigen Zusammenhängen.

Das Lernwörterbuch kann zum systematischen Erwerb und Ausbau der Wortschatzkenntnisse und zu Wiederholungszwecken eingesetzt werden. Best.-Nr. 33206

Übungshefte zu Emploi des mots

Französisches Vokabular in Sachgruppen

Diese Arbeitshefte folgen in ihrer Gliederung dem Lernwörterbuch. Sie bieten in jeder Sachgruppe des Wortschatzes Aufgaben zur Übung, Festigung und Anwendung.

Heft 1: L'Homme (Personne – Corps) Best.-Nr. 33207
Weitere Hefte in Vorbereitung

Verlag Lambert Lensing GmbH · Dortmund